U0587019

新时代大学生人才培养创新研究

张梓尧　著

中国商务出版社

·北京·

图书在版编目(CIP)数据

新时代大学生人才培养创新研究 / 张梓尧著.

北京：中国商务出版社，2024.8. — ISBN 978-7-5103-5243-0

Ⅰ. G649.2

中国国家版本馆 CIP 数据核字第 2024V9X273 号

新时代大学生人才培养创新研究

XINSHIDAI DAXUESHENG RENCAI PEIYANG CHUANGXIN YANJIU

张梓尧　著

出版发行：中国商务出版社有限公司

地　　址：北京市东城区安定门外大街东后巷 28 号　　邮　编：100710

网　　址：http://www.cctpress.com

联系电话：010－64515150(发行部)　　　　　010－64212247(总编室)

　　　　　010－64269744(商务事业部)　　　010－64248236(印制部)

责任编辑：周水琴

排　　版：廊坊市展博印刷设计有限公司

印　　刷：廊坊市蓝海德彩印有限公司

开　　本：710 毫米×1000 毫米　1/16

印　　张：12.5　　　　　　　　　　　字　　数：216 千字

版　　次：2024 年 8 月第 1 版　　　　　印　　次：2024 年 8 月第 1 次印刷

书　　号：ISBN 978-7-5103-5243-0

定　　价：78.00 元

凡所购本版图书如有印装质量问题，请与本社印制部联系

版权所有　翻印必究(盗版侵权举报，请与本社总编室联系)

前　言

　　随着国家经济的不断发展，社会主义建设进入了新的快速发展时期，高等教育体制也在不断的改革中迅猛发展。高校体制的改革使高校大学生数量不断增加。要勉励新时代中国青年建功立业，同时希望新时代青年要向着有理想、有本领、有担当以及高品德修为的现代化人才方面发展。青年是社会中最积极、最有朝气的力量，青年一代的发展影响着国家的前途与希望。

　　教育是一项有目的、有计划、有组织地培养人才的活动。高等教育是国家发展水平和发展潜力的重要标志，对经济社会发展具有很重要的支撑作用。高校作为优秀文化知识的传播者和创造者，人才培养是其首要职能，而人才培养的关键和根本是人才培养模式问题。我国高等教育适应经济社会文化发展需求，在人才培养模式和课程体系革新等方面不断探索创新，正在着力构建满足新时代优秀创新型人才需要的新模式。

　　本书共六章：第一章为绪论，第二章为大学生人才培养概述，第三章为新时代大学生人才培养模式创新，第四章为新时代大学生人才培养内部质量保障体系创新，第五章为新时代大学生人才培养教育管理的创新，第六章为新时代大学生人才培养教学创新。

　　由于作者的理论水平与教学经验有限，时间仓促，书中不足在所难免，恳请专家同仁批评指正。欢迎广大师生提出宝贵意见，以便再版修改时完善。

著　者

2024 年 5 月

目 录

第一章

绪　论

第一节　大学生人才的社会需求

社会的发展需要各类、各层次人才的支撑,如职业技能人才、本科人才、研究生人才等,这些人才的培养都要依靠教育。而本科人才的培养与教育在整个教育体系中发挥着承上启下的重要作用,本科人才也是社会发展需求最大的人才类别,世界各国均将本科人才教育放在首位。下面将对各种人才做具体介绍。

一、学术型人才

学术型人才也称研究型人才,是指从事学术研究、理论研究的专门人才,我国"985 工程""211 工程"院校是学术型人才培养的摇篮。但受传统的重"学术"、轻"应用"思想的影响,部分非"985 工程""211 工程"院校也紧跟其后,片面追求学术型人才培养,放弃了自己的应用特色与优势,结果导致其培养出来的毕业生既不是学术型人才,也不是应用型人才。这不仅造成高校教育的资源浪费,还不能满足社会对不同层次、不同类别人才的需求。

从人才教育的角度来说,学术型人才培养的教育内容、方法、路径、条件等区别于其他类别的人才,其关注的中心是学术、理论的前沿与创新,这类人才一般多见于研究院所、高等学校、战略管理等社会机构,为社会发展提供基础理论、技术引导、创新路径、战略咨询等方面的支撑。

二、应用型人才

应用型人才也称应用技术型人才,是以工程应用为人才培养宗旨,实施工程技术与工程实践相结合的培养路径,强调对学生工程思维、工程设计、工程管理、工程应用的综合技能培养。应用型人才在人才中占有主导地位,这类人才的培养教育对于满足我国经济社会发展对高层次应用型人才的需要以及推进我国高等教育发展进程具有积极的促进作用。

应用型人才是社会生产发展的主力军,从人才教育的角度来说,应用型人才培养更加关注的是工程应用,重点培养解决工程实际问题的综合能力。因此,应用型人才的教育内容、方法、路径、条件等与学术型人才的培养有显著不同,其关注的中心是应用思维、工程方法、技术创新与融合等,重在培养人才在理论指导下的应用、创新与实践能力。这类人才通常遍布于社会组织的各个角落,为社会生产的和谐发展提供广泛的人才资源支撑。

三、创新创业型人才

创新创业型人才是为适应我国当前社会发展需要而产生的一种新型人才,是采用特殊的培养方式与培养路径(如教育部推行的现代产业学院)培养出来的人才。这种人才具有鲜明的创新创业特点,紧密对接国家主体功能区战略和区域产业布局,如现在国家急需的信息技术(internet technology,IT)人才、新能源人才、新材料人才等。创新创业型人才培养依据技术发展逻辑体系构建培养方案,采用探索任务式、项目式、探究式等培养模式进行人才培养。

在我国,创新创业型人才的培养还处于探索阶段,还有许多问题有待解决。例如,创新创业型人才培养的定位问题。高校创新创业型人才培养以学生发展为中心,突破教育传统路径依赖,充分发挥产业优势,发挥企业的教育主体作用,深化产教融合,建强优势特色专业,完善人才培养协同机制,造就大批产业需要的高素质创新创业型人才,为提高产业竞争力和汇聚发展新动能提供人才支持与智力支撑。产业学院要从创新人才培养模式、提升专业建设质量、开发校企合作课程、打造实习实训基地、建设高水平师资队伍、搭建产学研服务平台、完善管理体制机制等方面进行建设,为创新创业型人才培养提供教育支撑。

四、社会对人才需求的多层次

按不同的标准,人才的划分有所不同。从人才的组织结构出发,社会对人才需求的组织结构呈金字塔形,如图1-1所示。

图 1-1　社会对人才需求的金字塔形组织结构

首先,技能操作型人才。技能操作型人才是为满足社会生产的基本需求而培养的,也是数量最多的人才。因此,培养高质量的技能操作型人才是高校教育人才培养的基本任务。高校要正确认识与理解技能操作型人才的内涵,重点突出技能与操作,在人才培养中有的放矢,合理施教。

其次,研究设计型人才。研究设计型人才是在技能操作型人才培养的基础上进一步拓展深化理论研究与设计教育而培养的,是促进社会发展的必要保障。高校要根据社会发展需求研究这类人才的特征,设计相应的人才培养方案,提升人才培养的契合度。

再次,管理规划型人才。这类人才处于金字塔的上部,是社会发展的战略基石。管理规划型人才的培养在前两类人才培养的基础上,更加突出系统管理、整体规划思维的培养与训练。因此,高校在人才培养的过程中,需要改革传统的专业性人才培养模式,打破专业、学科壁垒,促进多学科的交叉与融合,构建跨专业、跨学科的人才培养体系。

最后,决策型人才。这类人才处于金字塔的顶尖,是社会发展的关键人才,是各类人才中的精英。从教育的角度来说,决策型人才培养是更复杂的系统工程,要结合时代、社会的发展特点,研究决策型人才必须具备的特质,进而促进决策型人才的培养。

总之,不同类型的高校要根据自己的办学定位,合理确定各类人才的培养比例,在教育教学过程中要因材施教,分类培养,以满足社会发展对不同人才的需求。

第二节　大学生人才培养的三角形结构基础

人才培养需要方方面面的条件与支持,其中专业、教学与教学研究是基础的要素,三者构成了人才培养的三角形结构,如图 1-2 所示。围绕人才的培养,这三个要素既相对独立，又相互关联、相互作用，共同影响着人才培养活动的发展与结果。

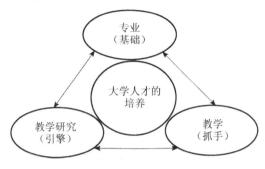

图 1-2 人才培养的三角形结构

一、专业是人才培养的基础

什么是专业？周光礼在《走向高等教育强国：发达国家教育理念的传承与创新》一文中指出，专业教育是一个宽泛的概念，包括综合性的学术教育、单科性的专业教育和职业教育。[①] 专业教育的不同表现形式与社会需求密切相关，社会需求对专业教育理念的形成与发展产生了决定性影响。专业教育中的"专业"包括两层意思：一是专门学业，二是专门职业。专门学业的教育源于学科的高度分化，专门职业的教育源于社会分工的细化；前者的合法性基础是高深学问，后者的合法性基础是社会需求。正因如此，现代大学专业设置的依据不仅包括学科自身的逻辑，也包括社会需求的逻辑。

从教育学的意义上讲，专业在学科与社会需求之间发挥着纽带作用，发挥着促进学科中的系统知识与社会发展需求双向转变的作用，即专业引导着社会发展，同时社会发展改变了专业方向。当今的专业教育与早期传统的大学教育思想不同，今天的专业教育既可以是职业性教育，也可以是学术性教育。研究者在人才培养中要区分专业教育与职业教育，防止概念的混淆，正确把握专业教育的方向。

（一）专业在人才培养中的载体属性

为满足"社会需求""人才培养"的需要，高校各专业建设者必须将思维方

---

① 周光礼.走向高等教育强国：发达国家教育理念的传承与创新[J].高等工程教育研究,2010(3):66-77.

式、逻辑结构、运行机制、培养目标、毕业要求、课程体系等形而上的、抽象层面的内涵具体化为一定的物质载体。通过"专业"这一载体,教育过程才能被感知、实施、评价、改进、提升与发展,这就是专业作为教育育人载体的属性。专业的载体属性的本质就是将教育育人的内涵信息物化,形成可感知的操作,输出看得见的专业人才与社会服务。

专业教育的载体形式经历了一个漫长的发展过程,最早的专业教育载体形式就是学徒制,学徒制被公认为现代职业教育制度的来源。早期的专业教育有一个基本特征,就是对各种专门人才的培养是在不同且互不联系的机构中展开的,如我国南朝时期出现的儒学馆、玄学馆、文学馆、史学馆等,这对于研究现代专业教育的载体属性具有借鉴意义。

从专业的内涵来看,专业载体不可能是单一的物态形式,而是由若干不同物态载体单元(如教师、课程、实验室、图书资料、学生班级等)构成的、具有一定逻辑结构与功能的载体体系。专业的载体可能有不同的组合模式,进而形成不同的功能。因此,专业建设既要注意确保专业载体物态的简明、有效,又要关注专业载体的功能,要从"以人为本"的角度、人才培养的目标出发搭建专业载体,要能够充分体现专业的内涵与特色。

例如,在专业课程载体单元的构建方面,国内部分高校的课程设置受教师(教师能教什么课程)与专业总学时的制约,较为缺乏人性化,在一定程度上限制了学生的选择自由与兴趣发展。高校课程设置应尽可能具有种类多、内容广、学习便捷等特点,应充分考虑学生的发展与社会需求。但这样又会带来另一个问题,即课程设置多了谁来教、学生选择分散时如何教等,这是专业的另一载体——教师的问题,是专业建设中需要协同思考与解决的问题。由此可见,专业载体体系中的载体单元要素既相互关联,又相互制约,做好载体单元要素的建设是构建有机、完整的专业载体体系的基础。

再如,在课程载体单元要素构建中具体课程的建设方面,高校必须打破传统课程建设的思维模式,树立淡化知识传授、培养系统思维、训练工程方法、强化综合技能的理念,遵循从宏观到微观的课程体系建设思路,即由社会需求导向建立课程体系,并由课程体系的逻辑结构来确定课程类别,再由课程类别确定出具体的课程;同时要反思,每一门课程对于课程体系的建设来说是否都是必需的,对学生的技能培养发挥了什么作用。

这里涉及整体与个体的系统问题——既要充分把握课程体系整体的培养目标，又要充分认识与理解每一门课程的目的、内容以及如何组织课程等问题。例如，设置专业核心课程的目的就是保证学生在学习专业知识的细枝与末节之前，对其所置身的专业有一种框架性的理解与探索，也就是先见森林，再见树木。

此外，专业的载体功能还体现在现代大学的基本构成单元方面。可以说，没有专业就没有现代大学，大学的性质、功能及社会地位都是由专业承载的。专业使得大学成为现代社会的重要组织机构，成为社会发展的创新源与动力站。

(二)专业的教师组织功能

专业的存在使教师能够组织在一起，在专业的框架之下共同工作，从事专业人才培养的教学与研究。

从人才培养的系统角度来看，教师是重要的、活跃的要素，在人才培养的过程中发挥着主导作用。在现代高等教育中，教师与专业的关系正从传统的、单一的依附关系向多元的、交叉的关系发展。教师可能不再归属于某一专业，同时专业在发生交叉融合的变革，以此来满足社会对综合性人才的需求。因此，教师必须适应专业的变革，正确认识与理解专业的教师组织功能，通过专业这一载体来协调相关专业教师之间的关系，进而形成科学合理的专业教学团队，为专业人才培养提供保障。

专业的教师组织功能随着现代高等教育的变革也在发生变化，这种变化在某种程度上影响着人才培养的走向与质量。

首先，专业的结构形态影响着教师的组织与合作关系。社会经济与科学技术的飞速发展，给传统的专业教育带来了极大的冲击。高校中的专业结构形态正在悄然变化，使得教师的组织方式也发生变化。例如，2021年，教育部开展的首批虚拟教研室试点，就是一种基于互联网的跨时空的教师组织形态，对人才培养的专业教育组织形态产生了极大的影响。

其次，专业的组织功能影响着教师教学能力的提升。专业为教师教学能力的提升提供了较为宽松的平台与环境，教师可以在专业框架内较为方便、和谐、有效地针对专业人才培养的方方面面进行研讨、交流与学习。开展名师教学观摩、教学设计展示、教学案例研讨、工程应用实践、课程教材建设、教学改革与研究等活动，使教师不再是单枪匹马地教学，而是以专业团队的形式教学，在这样的人才培养过程中，各个教师之间可以取长补短，共同进步，协同发展。

二、教学是人才培养的抓手

教学是由教师的教和学生的学构成的一种人类特有的人才培养活动。也就是说，人才培养是通过教学过程来实现的，教学的质量直接关系到人才培养的质量，教学是人才培养的抓手。因此，要提升教学质量，以实现高质量专业人才的培养。

(一)教学的人才培养载体功能

教学具有较为广泛且概念化的意义，在人才培养的过程中，教学必须物化为可操作的程序或载体，具体可分为教学环境、教学实施及教学评估，由此才能实现教学的人才培养载体功能。

首先，教学环境是教学的前提与基础。教学环境可分为教的环境与学的环境，既有软的方面，如教学理念、教育目标、教学形态等，也有硬的方面，如课程、教材、实验平台、教室、图书馆等。通过对教学环境的设计与建设，教学的软环境与硬环境得以高度融合，由此形成促进人才培养的优良教学环境。此外，现代教学环境的建设过程中又出现了"共同体中心环境"的概念，如由专业班级组成的共同体，由整个学校组成的共同体，还有由学生、教师、管理人员组成的更大的共同体。"共同体中心环境"的概念对新时代教育的许多方面，如教学组织、教学实践、人才培养的路径等产生了新的影响，需要重新对其进行探讨。

其次，教学实施是教学的展开与实现。教学实施就是在设计好的教学环境中进行教学，从而实现人才培养目标的过程，在这一过程中，要特别注意把控教学过程的动态变化，使教师、学生、教学环境所组成的系统得以和谐、有效运行。要从系统工程的角度看待教学的实施，系统、全面地考虑教与学的关系、教学目标的确立、教学内容的设计、教学方法的选择、教学过程的控制等要素，突出教学的理念与目标。

最后，教学评估是教学的保障与改进。教学效果如何，需要通过评估才能知晓，评估的结果依赖于反馈的有效性以及接受反馈后的教学是否进行了持续改进。评估是教学的重要环节，为保证评估过程的科学、合理与可靠，需要建立健全的评估机制、科学的评估方法与有力的保障措施。

从系统论的角度来说，评估就是对系统运行的监测与调控。对于人才培养来说，其评估通常是以四年为周期来对教育过程进行监测与调控的过程。评估体系是由不同周期、不同对象、不同层次的子评估系统构成的，如图1-3所示。

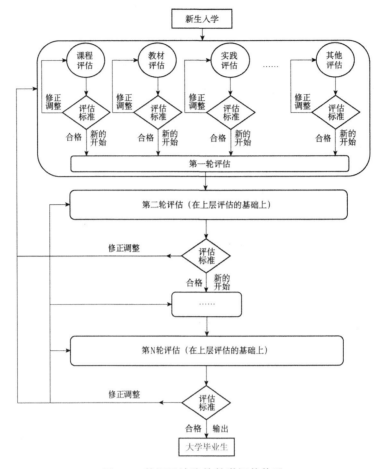

图 1-3 基于系统论的教学评估体系

(二)教学的人才培养组带功能

教学的实质是教-学的关系问题,这一关系是人才培养中基本、重要也是活跃的关系,教师与学生通过教学过程实现有效的交流与沟通,最终建立起专业教育的师生关系。

根据我国高等教育现阶段的人才培养实践,张俭民在《迷失与重建:大学师生关系探讨》一书中,将教-学的关系分为"教师主体、学生客体""教师主导、学生主体"以及"双主体"三种。①

---

① 张俭民.迷失与重建:大学师生关系探讨[M].武汉:华中师范大学出版社,2018.

1.“教师主体、学生客体”的教-学关系

在教学过程中,“教师主体、学生客体”是传统的教-学关系,这种关系对应的是一种以教师为主、以学生为辅的教学过程,教师在教-学关系中为主导者,学生处于被动从属的地位。其核心是,教师“闻道有先后,术业有专攻”,被赋予了教育学生的责任,是矛盾关系的主要方面;而学生被认为是年轻无知的,是被教育、被重塑的对象,是矛盾关系的次要方面。这种关系在教育过程中极易使师生产生矛盾与冲突,不易发挥教师的创造性,同时易挫伤学生学习的积极性。

2.“教师主导、学生主体”的教-学关系

当前教育界比较认同的教-学关系是“教师主导、学生主体”,这种关系较为客观地反映了教与学的辩证关系。在这一关系中,教师主导作用的发挥主要取决于教师的社会职责、道德义务、年龄经历等要素。教师在教学过程中不是知识的单一传授者,要通过对教学的目标、内容、路径、方法等的设计与引导,发挥教师在教学过程中的主导作用。学生是教学的主体,这反映了学习是学生自己的事情,学生要从自身的角度出发来看待教学,树立学生在教学中的主体地位。

这种关系存在三个方面的不足:首先,将“主体”与“主导”放在一起进行比较,试图得出哪个为主、哪个为次的结论不符合逻辑规律;其次,主导作用并没有涵盖教师在教学中的全部作用,主导作用仅仅是教师在教学中所起作用的一个重要方面;最后,这种关系过分强调了学生的作用,不恰当地抬高了学生在教学中的地位,容易弱化教师在教学中应有的作用。

3.“双主体”的教-学关系

“双主体”的教-学关系是现在研究比较热门的话题,该关系又包括两种基本的关系,即教师是教的主体、学生是学的主体以及教师和学生都是教学主体。

(1)教师是教的主体、学生是学的主体的教-学关系

这一关系分别从教与学两方面出发,将教师与学生作为这两个方面的不同主体,体现了教学主体的双重性。在教学过程中,当教师的“教”是主要矛盾时(如教师在讲授课程),教师是“教”的主体,学生是教的客体;当学生的“学”是主要矛盾时(如学生在复习课程、做作业、拓展学习等),学生是学的主体,教师是学的客体。在教学过程中,这两个主体不断转化,同时相互作用、相互依存。该关系的不足是分割了教学活动,把教师的教与学生的学简单组合,因而产生了无法统一的两个主体问题。

(2)教师和学生都是教学主体的教-学关系

这一关系从教师、学生都是教学主体的角度出发,认为在教学过程中,教师

与学生共同形成了教学的复合主体,即教中有学、学中有教,两者是一种平等、互融的关系。但是在教学实践中,"双主体"的教-学关系往往无法操作,还会使教师与学生之间产生某些矛盾和问题,例如,如何定义复合主体、如何平衡与协调复合主体的关系,以及在教学过程中,教师与学生都可能无意地争夺主体地位。

三、教学研究是人才培养的引擎

教学研究是促进教学有效进行、提升人才培养质量的重要途径。为深入理解教学研究,不仅需要探讨人才培养的理论指导、培养模式、方法与路径等宏观问题,还需要研究教学过程的具体问题,如课程与教材的建设、教学设计、教学实施方法、教学考核、教学评价等。

在我国的高等教育过程中,教学研究还比较弱,需要全体教育工作者的共同努力,让教学研究真正成为人才培养的引擎。

(一)教学研究改革的引领作用

约翰·S.布鲁贝克(John S. Brubacher)在《高等教育哲学》一书中提出,学生的精神或心灵是自我运动的本源,它在各种能力和官能①(如记忆和推理等)中表现自己。学生通过训练这些能力和官能进而发展精神力量,而精神力量又能按照人的意志从一种学科迁移到另一种学科,从一般的学习迁移到社会中的各种职业。

如何通过教学实现人才培养的目标?要回答这一问题,需要思考与研究以下几个方面。

1.教学理念的引领

教学理念的引领作用就是要以"学生中心、社会需求"为导向,对传统的育人模式不断进行改革,突破单纯的知识传授模式,强化能力培养的教学理念。

2.教学模式的引领

一般认为,讲授就是教学,讲授的教学模式一直影响着传统教学,随着现代教学模式的出现与发展,讲授的教学模式面临挑战。新的教学模式在人才培养教学方面的引领作用逐渐凸显。教师在教学中需要启发学生什么?教师与学生如何建立互信、友爱的平等关系?这些问题都对当今的高等教育工作者提出了更高的要求。

---

① 官能指生物体器官的功能,如听觉是耳朵的官能;也指一种早期的心理学思想。

3.教学设计的引领

教学是一种有目的、有计划、有组织的活动,教学的精心设计与安排是保证教学活动有效开展的前提。因此,教学设计在教学过程中是位于前置环节的重要节点,对教学具有引领作用。

4.教学技能的引领

在教学过程中,教师要探索教学技能的创新与应用,由此才能提高教学的效果。教学是一门沟通、交流与相互理解的艺术,需要各种教学技能的支撑,如教学语言的组织表达、肢体语言的配合、眼神的交换、心灵的碰撞等,这些技能以不同的方式组合,使教师形成了不同的教学风格,进而直接影响师生在教学过程中的沟通与交流。

5.教学资源建设的引领

教学资源是人才培养的基础,如课程、教材、实验与实训、工程设计等,教学资源的建设必须满足社会发展的需要,要把学科的最新研究成果融入教学资源中,实现人才培养与社会发展的相辅相成。

(二)教学研究创新的动力作用

教学研究的灵魂是创新。以创新驱动教学研究的改革与发展,是人才培养的根本。通过对教学研究进行创造性探索与实践,进而创新教学关系,形成新的教学形态,有助于为人才培养提供教学理论、模式、方法、路径等方面的指导与支撑,不断提升人才培养的效益。人才培养的效益是一个广泛的概念,既包括人才培养的数量,也包括人才培养的质量;既有物质层面的形态,也有精神层面的内涵。

为深入理解教学研究创新的动力作用,需要思考以下几个问题。

1.教学研究创新理念的动力作用

教学研究必须要有创新理念的支撑,要打破传统的教学研究思维,树立以学生为中心、社会需求为导向的教学研究理念,促进对人才培养教学的认识与理解。

2.教学研究创新机制的动力作用

教学研究创新机制就是以人才培养方案为核心,通过对人才培养方案的研究与实践,建立人才培养教学的运行机制,促进人才培养教学的有效运行。

3.教学研究创新方法的动力作用

教学研究创新方法是教学有效性的重要保障。由于教学活动的动态性,要创新教学研究方法,就必须对教育对象、教育环境、教育关系等要素进行拓展与融合,从而促进人才培养质量的不断提升。

4.教学研究创新多维融合的动力作用

人才培养需要学校、社会、家庭各方的共同协调与努力,教学研究创新的多维融合就是通过探讨各方的合作关系,寻求最佳的合作路径,促进学校、社会、家庭三方在人才培养方面的利益最大化。

5.教学研究创新实践的动力作用

教学研究创新只有通过人才培养的教学实践才能实现,在这一实践过程中,要充分认识教师、学生、教学过程的媒介(如教育内容、教育方法、教育设备、教育工具等)、教学环境(如教师与学生在教室这一空间的某一时刻形成的课堂教学环境)四个教学要素的相互作用关系,探索它们之间的协调与平衡,促进教学实践活动的有效推进与教学目标的达成。

第三节　大学生人才的"知识—技能—素养"架构

当今社会正处于高速发展、知识爆炸、技术创新层出不穷的大变局时代,在这样的背景下,高等教育面临一个基本问题,即人才培养应按照什么样的"知识—技能—素养"架构进行。互联网的发展和信息技术的突然兴起,使得知识的学习与传播突破了时空限制,传统的以知识为核心的教育模式显然不能适应现代社会对人才培养的教育要求,能力与素养教育已成为高等教育的改革与发展的方向。

梁渭雄和孔棣华在《现代教育哲学》一书中指出,教育是人的基本社会活动之一,它既是人自身再生产的基本途径,又是社会"遗传"和发展的基本要素。只有通过"教育"这一中介性要素,才能实现人的世世代代的社会"遗传"和发展。因此,研究人才的"知识—技能—素养"架构,是开展有效教育的前提,这一架构要能够充分体现社会的"遗传"和发展,并不断促进教育的发展。[①]

人才的"知识—技能—素养"架构要从系统的角度出发,结合不同社会发展阶段对人才的不同需求进行综合思考,要防止知识狭窄、结构单一、过于强调专业性的架构。根据梁渭雄和孔棣华在《现代教育哲学》一书中提出的人才的本质是具有"劳动能力"的人的观点,人才的"知识—技能—素养"架构必须为培养具有"劳动能力"的人这一目标提供指导与服务,据此可得如图 1-4 所示的人才

---

① 梁渭雄,孔棣华.现代教育哲学[M].广州:广东高等教育出版社,1997.

"知识—技能—素养"架构图谱。

由图 1-4 可见,人才"知识—技能—素养"架构图谱可被视为由知识集合、技能集合、素养集合组成的一个可变的人才培养方案体系。也就是说,可以依据社会发展的不同阶段对人才的不同需求,在图 1-4 的架构下对具体内容进行调整,进而形成某一阶段的人才培养方案。

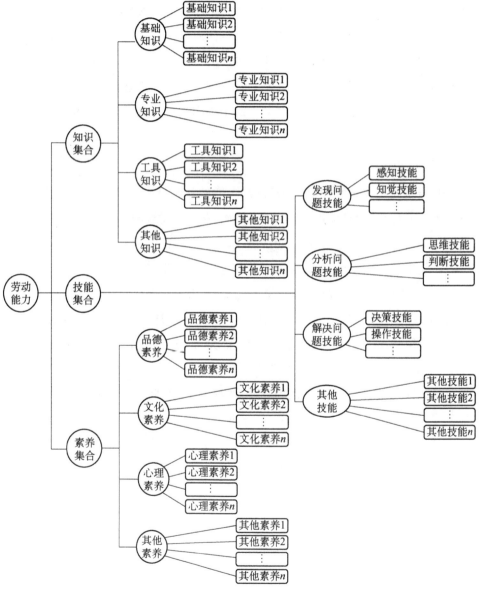

图 1-4　人才"知识—技能—素养"架构图谱

一、知识集合

知识是人才培养的基础,是人获得各种技能的前提条件,也是社会进步与发展的催化剂。但是,由于受教育对象的受教育起点是高中教育或专科教育,他们具有了一定的知识积累,因此面对浩瀚无垠的知识海洋,如何选择知识、传授知识、应用知识,形成人才培养教育的知识集合体系,是人才培养教育首先要解决的问题。目前的人才培养教育的知识集合主要是以"课程—教材"为基本载体呈现,并且通过专业培养方案形成有机的课程体系。

由图 1-4 可知,知识集合分为基础知识、专业知识、工具知识和其他知识四个类别,分类的目的是便于在人才培养过程中进行分类管理与教学。每一类别的知识可再细化为更小的知识项(知识的子类别),依据这些知识项便可形成一门课程(相应的知识教材)。

二、技能集合

技能是人才培养的核心目标,也是人能够从事社会生产活动的要求与保障。不同的社会生产活动需要不同的技能(或多项技能的综合)的支撑。技能集合分为发现问题技能、分析问题技能、解决问题技能和其他技能四个类别。

技能培养是比知识传授更复杂的教育过程,是在学习、综合、迁移知识基础上的升华。技能培养不仅需要教师的教学引导,还需要学生在学习中产生的认识与理解,更需要结合工程实际的综合应用。人才技能培养应以"问题"为核心,培养学生的感知、知觉、思维、判断、决策、操作技能等能力,促进技能体系的形成。

在现行的教育实践中,人才技能培养还没有成熟的模式与固定的载体,一般是散落在课程教学、实验与实训教学、课程设计、毕业论文等环节中。创新技能教育是培养高质量人才的关键。可喜的是,如今有些高校正在建设劳动课、创新创业课、项目引导课、案例解读课、方案设计分析课等课程,试图搭建技能培养的教育载体,探索技能培养的教育模式。

三、素养集合

素养是人才培养的终极目标,也是人才的灵魂,还是人才的知识和技能充分发挥综合效应的原动力与机制中心。由图 1-4 可知,素养集合分为品德素养、文化素养、心理素养和其他素养四个类别。素养教育与知识、技能教育有显著区别,与后者相比,前者的范围更广泛,内涵更抽象,形式更虚化。因此,素养教育的模式、方法、路径更模糊,教育周期更长,教育过程更复杂多变。

现如今,素养教育越来越受到关注,许多教育工作者致力于对素养教育的内涵、模式、方法、路径进行研究与探讨,寻求素养与知识、技能的关系,最终达到在传授知识、培养技能的过程中达成实现"春风化雨、润物无声"的素养教育的目标。

第四节　大学生人才培养的教育意义

人才培养的教育意义是什么?这是教育界普遍关注的问题。我们要围绕"培养什么人、怎样培养人、为谁培养人"这一根本教育问题,努力构建德智体美劳全面培养的教育体系,形成更高水平的人才培养体系。这就是人才培养的教育意义所在。

一、人才教育的调节与塑造意义

为什么可以通过教育解决"培养什么人、怎样培养人、为谁培养人"的问题?这就要从人的成长过程(包括生理成长过程与心理或精神成长过程)角度来思考。人的成长过程恰好是最佳的教育实施途径,通过教育对人的成长过程进行调节与塑造,个体最终成长为社会所需要的人才。

人的发育期可分为婴儿期、幼儿期、童年期、青春期、成年期、老年期六个阶段,前四个阶段是教育的黄金期。美国著名教育学家、政治家尼古拉斯·默里·巴特勒(Nicholas Murray Butler)认为,人的幼儿期(又称无助期、依赖期)教育尤其重要,这是一个具有可逆性的时期,也是调整的时期,还是个体适应环境的时期,个体在更广泛意义上对环境的适应就属于教育的范围。他还指出,青春期的生理年龄在 14 岁或 15 岁,而幼儿期的时间长度几乎是青春期的两倍。个体在幼儿园、小学、中学、大学,以及在独立工作前的职业学徒期度过的时间,加起来要达到 25～28 年,甚至 30 年。[①]

由此可见,人从出生到成熟的过程是一个漫长的适应、调节与塑造的过程。在这一过程中,个体通过教育首先完成生理与心理的成长,然后实现人类传统

---

① 尼古拉斯·默里·巴特勒.教育的意义[M].祝贺,江丹,译.杭州:浙江教育出版社,
2019.

知识及文明的传承,最终成为社会人。人的成长过程与教育的关系见图1-5。

图 1-5 人的成长过程与教育的关系

由图 1-5 可知,个体从出生时的自然人成长为能够独立于社会、服务社会的社会人,要经历一个漫长的教育期,在不同的成长阶段,教育的内涵与方式各不相同。作为人才培养的教育,教育处于整个教育过程的最高端(包括大学教育与职前教育),担负着输出成熟社会人的责任。

二、人才培养教育的传承与赋能意义

人才培养教育的传承与赋能意义就好比原子的能级跃迁。原子具有一定的能量,具有不同能量的原子在不同的能级运行,原子要跃迁到更高能级运行,就必须获得更多的能量。作为人才培养的教育,要充分认识教育的传承与赋能意义。尼古拉斯·默里·巴特勒认为,进化论将所有的人都看作单个的活动中心,人受其所在环境的影响并反作用于环境。人们的物质生活、精神生活和道德生活是逐渐形成和发展的,我们可以将这一过程设想为一个点在一系列逐渐扩大的能级圈中穿行。当一个点到了充分成熟、受到教化之时,它会处在其运行的能级圈上,这些能级圈分别对应受过良好教育的人的知识、才能或文化。这一论断较为精辟地阐述了人才培养教育的传承与赋能意义,指出了人才教育的路径方向。人才培养教育的传承与赋能逻辑系统可用图1-6表示。

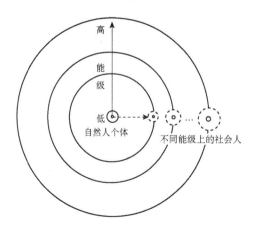

图 1-6 人才培养教育的传承与赋能逻辑系统

图 1-6 较为清晰地说明了人才培养教育的传承与赋能过程。自然人在接受教育前处于较低水平的能级,但这时自然人的能量远远不能满足自身生存与适应环境的需要,更不要说满足其服务社会、实现自我的需要,因此需要通过教育获取更多的能量,向更高的能级跃迁。

图 1-6 的能级圈从里向外是逐渐递增的,每一个能级圈分别对应知识、才能或文化。个体通过教育的途径获得这些知识、才能或文化后,将在相应的能级圈上运行。能级圈由低一级达到高一级是能级的跃迁,是从量变到质变的过程。这一跃迁是教育者需要关注的关键环节,也是人才成长的关键节点。

在传承与赋能的教育过程中,既要关注受教育者的天性、好奇心与思想萌芽,也要在美和崇高的教育中培养其理性,提升其精神境界。

三、人才培养教育研究的意义

上文简述了人才教育的调节与塑造、传承与赋能的意义。那么,如何在教育过程中实现其意义呢?这就需要进行系统的教育研究,探讨教育的内涵、教育方法以及实施路径等问题。尼古拉斯·默里·巴特勒说过:"教育在本质上是保守的,它珍视日久年深的方法,尊崇古老悠久的标准。"[①]随着社会的变迁,教育必须要适应时代所处的经济基础,在继承优秀文化的基础上,不断地变革与发展,由此才能承担时代赋予教育的功能与使命。

开展教育研究是做好教育的前提与基础,德智体美劳全面发展是教育研究的方向。教育研究的意义可从三个方面加以思考,分别是生理学、心理学与社会学。这三者既相对独立,又相互关联;既有区别,又有许多共同之处,共同构成人才培养的教育研究体系。

(一)教育研究的生理学意义

受教育者的生理要素是教育的物质基础,纵观国内外教育史,特别是所有文明古国(如古希腊、古埃及等)的教育史,都强调生理学因素在教育中的重要性,如古希腊人通过让受教育的青少年参与游戏活动,来增强青少年的生理素质,锻炼其健康体魄,这充分展示了古希腊人对生理学的教育价值的理解与应用。再如,古希腊最早开展的全国性体育赛事就将体育比赛与体质训练有机地

---

① 尼古拉斯·默里·巴特勒.教育的意义[M].祝贺,江丹,译.杭州:浙江教育出版社,2019.

结合起来,这推动了生理学方法在教育中的融合与实践。我国的武术、太极拳、五禽戏、箭术等也将生理学方法系统地融入教育之中,对受教育者的生理成长与健康发挥了重要作用。

研究受教育者的身体、生理因素与教育的关系是现代教育的重要内容。学校要按照受教育者的身体与生理发展规律制定教育制度与实施方案,如学校的作息时间、教学计划与任务、教学设施(用具)、教室的光线与温度、运动场所、食堂的设置等,以增强受教育者的肌肉力量,提高其身体柔韧性,塑造其坚毅、独立的品格。

(二)教育研究的心理学意义

心理学与教育的关系是教师必须了解的又一重要问题,在教育过程中采用心理学方法是促进有效教育的重要途径。教育研究的心理学意义,可以从三个方面来思考。

首先,教师需要按照心理学的原理与方法了解受教育者在教育期的心理成长规律,并以此进行教学安排,如教育内容、教育方式、教育方法、教育路径等,使其符合受教育者的心理成长规律,最终使教育效果最大化。

其次,教育的另一个重要目标就是培养受教育者心理健康的人格。因此,教师需要思考如何通过教育促进受教育者的心理健康发展。在教育过程中,教师不仅要思考教育本身的问题,还要考虑教育给受教育者的心理健康成长带来的影响。

最后,教师需要应用心理学的方法激发受教育者的好奇心与兴趣,在教育过程中通过深层次的沟通与交流,启迪受教育者的智慧。

教师在教育过程中应用心理学方法的关键是要能够洞察受教育者的心理过程与心理现象,通过对心理过程与心理现象的分析和调控,使教育向预定的目标发展。

(三)教育研究的社会学意义

现代教育是一个开放的系统,是置身于社会大系统下的一个子系统,教育必须服务于社会,要与社会相融合。教育研究的社会意义就是探讨教育的开放性及其与社会的相融性。

首先,教育的开放性,这是一个极为重要的问题。在教育的实践中,教育工作者会面临来自不同方面的挑战,如学校教育的局限性、教育的组织和管理、专业培养方案中课程体系的设置等。为应对这些挑战,教育工作者需要走出校园,开展深入的调查研究,探讨教育系统与社会系统的结构关系。教育工作者要通过对社会中人的心理、行为、态度以及人与人之间的相互关系等的研究,探究各种社会现象背后的原因与规律、预测社会的发展与变迁趋势等,进而有效地实施教育活动,使受教育者逐渐成长为社会需要的人才。

其次,教育与社会的相融性,这是在开放性的基础上对教育的进一步深化。相融包括形态与内涵两个方面。形态相融是指学校组织结构要与社会组织结构相适应。学校是实施教育的载体形态,学校的组织结构必须服从社会组织的大结构,由此才能够在社会大系统的运行规则下有效运转。内涵相融则是指教育的方向要与社会的发展趋势相统一,教育的内容要与社会的需求相一致,教育的方法要与社会的生产相协调。

在此需要注意三个方面的问题:首先,教育研究的主题是社会的,而非自然的;其次,教育研究的方式是可感知的,而非思辨的;最后,教育研究的问题是科学的(要回答是什么和为什么),而非判断的(是否正确)。

综上所述,正确理解与把握人才培养的教育意义是对每一位教育工作者的基本要求,有助于其深入了解高等教育改革的基础与方向。

第二章
大学生人才培养概述

第一节 大学生人才培养的概念

人是促进社会和谐发展的关键因素,社会主义的建设离不开高素质的人才。国家和地区的发展与国民素质的高低、人才数量的多少、人才质量的高低有着密切的联系。人才培养的实践活动对和谐社会的构建起着推动作用,从这个层面上看,人才培养不仅是要让每个人都能享受到受教育的平等机会,还要与和谐社会的建设相呼应。

高等教育发展的核心就是提高教育质量。高校要积极应对科学技术进步、经济社会发展以及高校教育改革所带来的新问题和一系列挑战,增强改革的使命感和责任感,不断提高人才培养质量,不断深化人才培养的模式改革。

人才培养是高校的主要任务。人才培养涉及以下几个方面的问题:①人才培养目标理念的提出与确立;②人才培养对象的确定;③人才培养目标的确立;④人才培养主体的开发;⑤人才培养的途径和方法;⑥人才培养过程的优化;⑦人才培养制度的确立。

由此可见,人才培养是一个系统的工程,包括理念、对象、主体、目标、途径、制度与模式等要素。

高校的职能有三,即发展科学、培养人才、服务社会。其中,培养人才是基础职能;发展科学是重要职能;服务社会是拓展职能,也是必要职能。但是,现在全国各个高校出现了轻教学重科研的情况,无论是重点高校还是地方高校,它们均忽视了人才的培养,转而重视科学研究,形成了一套完整的评价指标体系。教师参考这套标准为自己评先评优和职称评定做努力,这导致一些老师在教书育人方面做得很好,但是会因科研成果不足而跟其他教师产生待遇差距,从而使这些教师产生较大的心理落差。所以,当前的许多教师会依据标准体系对"教"和"研"做出轻重缓急的区分,花费更多的精力进行科学研究,因此忽视了教学的重要性。"究其原因,在于当前高校的评价指挥棒太功利,重科研、轻教学;教书育人本来是高校最根本的任务,但慢慢被边缘化了。"①这三大职能既相互区别,又相互联系,三者的发展时间顺序决定了它们重要程度的排序,其中培养人才是中心环节和基本职能。

培养人才并不是简单的教学。高校的人才教育是对人的教育,它不同于小初高的基础教育,而是具有一定的专业性。在我国社会主义制度下,高校的人才教育要求为国家培养社会主义的接班人,针对不同的领域做到行行出状元。一个合格的社会主义现代化专业人才不仅需要有过硬的基础知识,还要从人才培养角度出发综合考虑他的人格素质,例如,是否具有职业素养、能否顺利与人沟通、是否具有合作意识和合作能力。显而易见,如果想要教育出"有知识、有文化、有能力"的人才不能仅仅依赖教学,而是需要多方面共同发力。在教师课堂教学之外,同时开展校园文化建设、社会实践和社团活动等,全面提高学生的综合素质,不能让大学成为课堂培训的代名词,否则高校就会变成只提供学历文凭的交易场,空有其表而没有内涵。

第二节　大学生人才培养的理论基础

一、人的全面发展理论

人的发展在近代逐渐成为哲学家们关注的重点,人们热衷于对人进行全面的剖析和研究。伟大的思想家、哲学家马克思和恩格斯在他们所处的时代里,尽自己所能对人的全面发展研究做出了贡献。他们取前人成果之精华,加之以个人的思考和感悟,并结合时代的特性和风貌,创造出了全新的理论——人的全面发展学说,这个富有创造性的理论后来成了马克思主义学说的重要理论之一。人的全面发展学说认为,人的全面发展即人的社会的全面发展,是人的社会交往的普遍性和人对社会关系的控制程度的高度发展。可以从两个方面理解:第一,从社会角度来说,人的全面发展过程就是自然人变成社会人的过程,

---

① 周光礼.高校人才培养模式创新的深层次探索[J].中国高等教育,2012(10):23-25.

在这个过程中,人不断融入社会,形成自己的社交圈子,使人类社会从必然王国走向自由王国,在政治经济和精神文化方面全面发展;第二,从个人角度来说,人的全面发展即人的个性的全面发展,包括各项身体能力和精神能力的发展、情感态度价值观的发展、对世界的认知的发展等,在其中需要呈现出作为一个独立个体所富有的独特性和不可替代性,这就是人本身的价值。人的个性化和社会化是人的全面发展的两个方面,它们分别指代个人的全面发展和社会的全面发展。个人的全面发展离不开社会的全面发展,社会发展是个人发展的基础,社会生产力创造的物质基础和文化基础是个人发展的必要基础;社会的发展是由每个人的发展推动的,只有人们用奋斗创造未来,社会才会取得长足进步,因此个人的全面发展是社会的全面发展的条件。社会历史的发展规律是在人的历史活动中产生的,它的本质是人的活动规律。马克思和恩格斯第一次提出"人的全面发展"这一概念是在《共产党宣言》中。他们提出:"代替那存在着阶级和阶级对立的资产阶级旧社会的,将是这样一个联合体,在那里,每个人的自由发展是一切人的自由发展的条件。"马克思认为,人的全面发展首先是智力和体力的综合发展。社会分工是因为智力和体力的各自发展而形成的,这就导致劳动者的片面发展情况的出现,专一的劳动方式不利于全面的人的发展,全面均衡的劳动方式才会促进脑力与体力的结合,使个人能够成为不同的劳动类型所需要的人才,在社会中实现全面发展,做到社会职能的彼此交替转化。马克思提出的所谓"全面发展的个人"是指"用能够适应极其不同的劳动需求并且在交替变换的职能中只是使自己先天和后天的各种能力得到自由发展的个人来代替局部生产职能的痛苦的承担者"。

在新时代的社会浪潮下,国际竞争已经变为以经济和科技实力为基础的综合国力的较量,其本质就是人才的竞争、科技的竞争。所以,更需要大量优秀的全能型人才,来应对国际竞争给各行各业带来的时代挑战。高校也应顺应时代发展潮流,多为社会培养出复合型人才,转变人才培养观念,重视人才建设,调整学校职能架构。

马克思关于人的全面发展理论是马克思主义教育思想的重要组成部分。根据马克思全面发展理论,全面发展的教育应包括智育、体育、劳动技术教育、德育和美育。从人的发展角度讲,培养全面人才的根本目的是克服专业结构单一导致的人的片面发展,促进人的全面发展。由此可见,马克思关于人的全面发展理论从哲学角度为人才培养筑造了理论基石。

二、多元智能理论

多元智能理论由美国哈佛大学教授、著名认知心理学家霍华德·加德纳（Howard Gardner）于 1983 年在《心智的结构》中首次提出，这一理论对传统教育和标准化测试评价产生了深刻的影响，受到教育界广泛关注，并成为 20 世纪90 年代以来许多西方国家教育改革的指导思想之一。[①] 加德纳认为，智力是一个基本单位，智能本质上是一个复数的、多元的概念，是在某种社会或文化环境的价值标准下，个体用以解决自身遇到的真正难题或生产及创造出有效产品所需要的能力。每个人都普遍具有八种智能：一是语言智能，主要是指个体对文字意义、顺序、语音、语言节奏等的敏感性和感知力；二是数学逻辑智能，是指个体在行为活动之间和符号之间建立逻辑关系的能力；三是视觉空间智能，是指个体进行空间排列的思维能力；四是身体动觉智能，是指人运用整个或部分肢体解决问题的能力；五是音乐智能，是指人对音乐的节奏、音高、音调、曲调等的感知能力，也包括唱歌、演奏乐器和作曲的能力；六是人际智能，是指有效与人交往相处的能力以及对他人情绪、感情、性情等的敏锐感知力；七是自省智能，是指认识、洞察和反省自身情绪、目标的感知力及根据自身特点采取行动的能力；八是自然智能，是指个体对自然环境的特征进行分类和区别的能力。

不同的人为了达到某个目标，可以采取相应的智能。但是不同的智能之间不是相互割裂的，它们之间存在着相互影响和相互联系的关系，并不是孤立拼接的条形图，它们的发展需要一定的连接方式，包括瓶颈效应、补偿效应、催化效应。瓶颈效应即两个智能中存在一个智能被另一个智能牵制的现象，例如一名学生的数学成绩很好，但是语文成绩差强人意。补偿效应即弱项智能有时会带来负面影响，这种影响有被强项智能遮盖的可能性，例如，一个戏剧表演的学生身体动觉智能较差，但是他的语言智能更胜一筹。催化效应即在两种智能之间，可能会发生一个智能推动其他智能的情况，例如当一个文学学习者在创作诗歌时，视觉空间智能和音乐智能可以激发他的画面和韵律的灵感。跨学科教育可以对不同的智能产生催化效应，深挖学生在不同方面的潜力，将它们表现

---

① 　李宏涛，王慧晶. 多元智能理论下大学英语实践课教学设计：以内蒙古工业大学为例[J]. 内蒙古工业大学学报（社会科学版）. 2016,25(2)：106-108 | 113.

为日常生活的行为反应,从而达到教育的最终目的。若想使催化效应发生反应,首先可以开设综合性的课程、举办整合性的活动,把拥有不同智能的人聚集在一起,使每个人的不同智能相互影响,合理运用团队的力量以达到事半功倍的效果,在这个过程中,不同伙伴的智能会得到不同的发展,可以开发新智能或加强旧智能,达到合作共赢的优良效果。但是多元智能理论在时间的长河中多存在于中小学教育,在高等教育中的运用不多。多元智能理论会在高校教育中带来什么效益? 对于跨学科的综合性人才培养,多元智能理论可以起到多大的作用? 这些现实问题有待解决。

三、教育目标理论

培养人才是高校教育的核心目标,培养人才必须遵循一定的教育原则和教育方法,其中有三个理论起到导航的作用,它们分别是教育功能理论、教育目的理论和高校职能理论。

(一)教育功能理论

教育功能是制定教育目标的最基础的依据。教育功能就是指教育有利于人类发展和人类社会发展,因此教育的定义为:教育是培养人的活动。这个概念体现出教育、人、社会这三个基本要素,同时展现出教育促进人的发展和促进社会发展这两大基本功能。教育作为一种社会现象,与社会中的其他现象存在交叉领域,与自己的领域融合形成在新的领域中的功能,例如在政治、经济、文化等方面发挥着自己独特的作用。而且,教育是对人的教育,它促进人多方面的发展,例如思想道德层面、审美意趣方面、智力方面、体力方面等。由于社会的发展对个人的发展具有相同的领导力,所以教育在二者的功能体现上是一致的,这表现在:社会的发展以个人的发展为前提,只有个体素质提高,群体才会得到发展;个人的发展凭借社会的发展成果更上一层楼,以满足社会发展需求为目标。这就是"个人本位教育论"和"社会本位教育论",教育界曾经因为这两种不同的观点发出了不同的声音。我们需要认识到的是,二者需要辩证看待,它们本身并没有过错,但是缺乏辩证的眼光。社会的发展和人的发展相互促进、互为目的,教育就是将二者结合,既促进个人的发展,又促进社会的发展,所以必须全面看待二者的作用。

(二)教育目的理论

教育需要有目的,它应当在开始之前就自觉地对此次活动有预期和规划,并不能完全任其发展、随心所欲。我们必须在教育活动中确定应当将受教育者往什么方向引导,并对此提前做好计划和想象,因此教育的目的就是社会对教育所要造就的社会个体的质量规格的总的设想或规定。它作为一个在教育过程中存在感极强的问题,是制定教育目标时的总的理论依据,也是一个国家对各类各级教育总目的的规定。它及时传达出一个社会的现实需要,同时会受到社会条件的制约,比如生产力发展水平的制约、社会经济及政治制度的制约、教育对象的身心发展规律的制约和历史背景和文化传统的制约等。我国的教育目的主要表现为以下几个方面。

第一,培养建设人才或社会主义劳动者。它明确了我国教育人才的社会价值和地位,指出了社会主义制度下我国教育的方向,应以培养合格的社会人为准则。

第二,要求全面发展。德智体美劳全面发展是我国教育的要求,"五育"方面的培养有利于学生身心的全面发展。

第三,具有独立个性。全面发展不等同于平均发展,德智体美劳的"五育"发展应明确学生的主体地位,不能齐头并进、标准同一,应根据每个人不同的性格和发展状况有侧重地对学生进行教育,依照事物发展的客观规律,培养出具有独立个性的人,而不是独立同一的人。

(三)高校职能理论

教育的目的是培养人,其功能是促进人的发展和社会的发展,教育拥有它专门的机构——学校来进行培养人的活动,所以学校的基本职能就是要培养人来促进个人和社会的发展。学校的类别不同,其职能的侧重点也不同,对于高校来说,它拥有雄厚的师资和科研力量,这决定了它除了需要培养人才,还要促进专业科学的发展以此来对社会进行有效服务。所以,高校的三大职能为培养人才、发展科学和服务社会。培养人才是高校教育的第一要务,世界正迎来新一轮的科技革命,我国应从教育方面培养出高素质人才应对世界挑战,这就要求高校依据"三个面向"标准对教育教学进行改革,培养出创新型的新实践人才。发展科学是高校的另一特殊职能,在高校职能的发展过程中,世界上的高校已经在科学研究方面扮演了不可或缺的重要角色。除此之外,服务社会作为高校的最后一个职能有着重要的作用,高校通过发挥自身得天独厚的优势对社会做出自己的贡献。

总的来说,高校制定教育目标时,要在教育功能的总指导下进行,同时按照不同类别的教育特点因材施教,为国家人才培养做贡献,实现高等学校独特的教育功能。

四、通识教育理论

通识教育来源于古希腊亚里士多德的自由教育或博雅教育,由人文主义教育发展而来。文艺复兴时期,人文主义教育的目的是对青少年施以通才教育,以培养身心全面发展的人,通才教育具有符合自由人价值的特点,它能够使德行与智慧在受教育者身上得到更好的弘扬,唤起和发展那些使人趋于高贵的身心和最高才能。

通识教育至今并没有一个明确的、统一的定义,它在不同的文献中出现,其表述方式也不尽相同。我国著名学者李曼丽、汪永铨在参考国内外有关通识教育的相关描述后,归纳出自己的看法,即初步从性质、目的和内容三个方面描述通识教育。就性质而言,通识教育是高等教育的组成部分,是所有大学生都应该接受的非专业性教育;就其目的而言,通识教育旨在培养积极参与社会生活的、有社会责任感的、全面发展的社会人和国家公民;就其内容而言,通识教育是一种广泛的、非专业性的、非功利性的基本知识、技能和态度的教育[1]。

中华人民共和国成立后,我国参考苏联的高等教育模式,将学科分为文理工医农等不同专业,设置口径狭窄的专业,强调培养专业对口的人才,造成了重科技、轻人文,重专业、轻通识,重书本、轻实践,重统一、轻个性,重知识、轻方法,重课内、轻课外,重教师讲授灌输、轻学生主动探究等弊端。[2] 这种高等教育模式在不断变化的时代中显现出了它的不足,刻板的专一教学模式不适应飞速发展的现实生活,尤其是随着我国以社会主义为基础的经济体制的不断调整,这种人才培养模式显得越发力不从心。如今的社会需要全面型人才,技术人员已经趋于饱和,培养出思维灵活、技能全面、素质优良的人才是未来人才培养的趋势。在我国大形势下,许多企业对大学毕业生的看法是,知识面具有针对性,但知识范围过于狭窄、动手实操能力不强。所以,在各个方面的要求下,人才培

① 李曼丽,汪永铨.关于"通识教育"概念内涵的讨论[J].清华大学教育研究,1999(1):99-104.

② 徐辉,季诚钧.中国大陆、香港、台湾地区高校通识教育之比较[J].比较教育研究,2004(8):61-65.

养必须有宽广的目标和抱负,培养出动手能力强、思维灵活的高质量大学生,注重复合型人才的培养,使其具有较高的适应性来应对不断变化的市场。

通识教育在近年来发展火热,逐渐成为引领教育的主流方向。在此背景下,许多大学以培养复合型人才为主要目标,在日常的教育中注重学生健康人格的塑造,提高大学生的综合素质,使高校生具有深厚的基础知识、宽阔的知识面、出色的能力等特点。于是调整大学课堂结构成为必不可少的事情,通识教育因此崭露头角。大学的通识教育以学分为基础,依据内容分配学分比例,设置选修课,开拓学生的视野,计入学分以保证学生全面发展。各个高校引理入文、引文入理,真正做到文理渗透,从而保障大学生有宽广的见识、充足的兴趣,全面提高储备人才的综合素质,发展学生的能力和知识。

五、教育规律理论

教育有两个基本规律,包括教育外部关系规律和教育内部关系规律。其中,教育外部关系规律是指教育本身即为社会的一个子系统,它与其他社会子系统包括政治系统、经济系统、文化系统等,或与整个社会系统之间的相互关系规律。教育内部关系规律是指存在于教育这个系统中的其他构成要素间的相互关系规律。

教育的两个规律可以描述成教育必须受社会政治、经济、文化一定的约束,同时能够为具体的政治、经济、文化发展服务。在社会主义制度下,教育必须培养德、智、体、美、劳全面发展的人。

教育外部关系规律说明,教育需要服务于社会的政治、经济、科学、文化等方面。高等教育需要以教育外部关系规律为参照,做到与政治、经济、科学、文化协调发展,促进社会向好发展,满足社会的需要。改革开放之后,高等教育面临着许多挑战,尤其是在市场经济体制的确立和市场经济的发展给教育带来了新的机遇这一背景下。所以,高等学校应以市场为主导方向,适应社会发展,对学科专业进行合理开设,继续调整专业结构和人才培养结构,争取通过自身的改革适应社会的发展。

个人的成才有它特殊的规律存在,教育者必须在事物规律的基础之上因材施教、因势利导,根据每个人的不同特点扬长避短,使其能够在某一方面成长为专业的人才。专才教育不仅违背了事物的发展规律,还磨平了个人的棱角,不能使受教育者健康成长。教育内部关系规律体现了我国独特的教育方针,指明了我国人才培养的总目标,规定了高等教育的培养规模。因此,高等学校的培养方针必须与人才培养目标相一致,倘若出现偏离,则需要对高等教育人才模式进行合理改革,使人才培养途径、培养方案更好地与人才培养规格、培养目标相统一,从而让人才培养更好地符合人才培养的目标。

高等学校培育高质量复合型人才以教育规律理论为理论基石。随着现代社会的发展,学科已经发生了明显的变化,新兴交叉学科出现,各个专业之间颇有互相融合的趋势。自 19 世纪 80 年代以来,科学技术的发展趋势向综合化转变,对人才的需求也发生了变化,尤其是在 21 世纪的今天,互联网和计算机发展迅速,对复合型人才的要求更高。高等教育学校在对复合型人才的培养方面,应依据事物发展的客观规律,综合考虑社会发展趋势来对人才培养进行改革,以社会需要为风向标确立培养目标,培养出为社会服务的高质量人才;同时在培养目标的基础上,参考教育内部关系规律,对专业的培养计划进行适当调整,使之更符合高校的培养目标,对于人才培养工作更加得心应手,使资源合理分配。

六、素质教育理论

20 世纪 80 年代初,我国先后提出了提高劳动者素质、提高民族素质、提高国民素质等要求。柳斌在《努力提高基础教育的质量》一文中正式使用"素质教育"一词。[①] 在 20 世纪 80 年代已有的教育基础上,90 年代的人对其进行发展探究,提出了素质教育。素质教育可以理解为一个全新的教育思想,它以现有知识经济条件为基础,服务于教育体制改革。素质教育包括人才培养模式的构建、教育观念的更新和教育体制的改革。

个人的素质在教育学中的定义是,与先天性基因有密切关系,同时能够在后天的培养中发生改变,以探索活动和实践认知为方式而形成的较为稳定的品质和心理。它同时受两方面的影响,即先天条件和后天教化,所以个体的素质既是人的本质的体现,也是社会中的教育、文化等的体现。由此可见,素质、能力、知识就是构成人才的三个基本要素。而在高等教育中,个人素质有四个要素:文化素质、思想道德素质、身心素质、专业素质。四者的关系为:文化素质是基础,思想道德素质是根本,身心素质是本钱,专业素质是本领。

---

① 柳斌.努力提高基础教育的质量[J].课程·教材·教法,1987(10):1-5.

我国目前推行素质教育,要求高校在人才培养方面做到以素质教育为基础。要在素质教育的要求下进行人才培养,需要做到以下三点:首先,以现实需求为主,对实践练习有足够的重视,摆脱学生死板读书的情况,不能忽视个人素质的实践性;其次,注重学生素质的全面发展,对于四种素质内涵即文化素质、思想道德素质、身心素质、专业素质,不能只强调一点,应重视个人素质的整体性,为德智体美的全面发展塑造一个良好的校园环境和教育环境,帮助个人成才;最后,对于人才培养应注重素质、能力和知识的综合培养,三者并不是割裂的关系,而是相互联系、相互影响的,应尽力做到不偏重地培养人才,培养适应新时代的高素质高水平人才。

第三节　我国大学生人才培养的现状

在竞争日益激烈的现阶段,人才培养成为高校质量评价的核心要素。如何解决人才培养中存在的问题,积极构建人才培育体系,最大限度地发挥现有人力资源效益,成为摆在高等教育管理层面前的重大课题。

一、管理观念与管理方法

观念是行动的前提和基础,高校人才培养观念对于教学质量的提升具有指导与引领作用。当前,我国高校的教学质量管理观念还较为落后,这造成高校教学全面质量管理的实施效率低下,制约了高校教学质量的提高。

(一)高校落后的教学质量管理观念

有学者分析了高校教学质量管理观念落后的原因。

1.分数主义盛行

分数是评定学生学业成绩的主要工具,也是考察教师教学质量的重要指标。有些高校甚至通过分数评选优秀教师,选取优质课程,评定学生的优秀率、合格率以及不合格率等。这些分数主义、分数管理在很大程度上扭曲了高校教学管理的价值观,使教学的全面质量管理带有强烈的功利色彩,导致教学质量管理的低效率。

2.规章管理泛滥

高校教学质量管理太过重视规章制度的制定,出现了"见章不见人,重章不重人"的现象。这种管理方式严重扭曲了人才培养的本质,使管理变成了检查,高校教师忙于应付,难以发挥教学主体的能动性。在这样的教育背景下,即使进行教学改革,也只是在做表面工程,奉行形式主义。

3.静态管理较为严重

传统意义上的教学质量管理以质量控制为核心,教学要求与学生间的符合性程度是其质量标志,属于一种静态的管理。这种管理模式只看重结果,忽视了过程,是一种片面的、僵化的管理模式。

(二)原因分析

从文化变革的角度上看,学校组织及其工作人员本身就缺乏足够的观念意识和制度准备,一些学校的办学理念和组织结构仍然沿用传统的模式。即使高校拥有先进的科学技术,但沿袭传统,一直固守着传统的非质量管理模式下的组织方式与制度。历史的改变是不能避免的,而学校总是处于被动地位,而不是主动改变或者是改变别人。在其他组织不断革新与前进时,学校的改革依然在缓慢进行。正因为拥有保守的思想和缓慢的作风,高校的改革过程总是极其漫长。尤其是一些历史悠久的高校,传统文化思想根深蒂固,一些消极思想因素难免会给教育工作增添困难。从组织形式上看,稳固的学科部门模式是学校的基础。各个学科部门之间互相竞争学校的资源,并由学科部门决定教职工的任期和晋升,这就更加强化了高校的学科部门组织结构。高校在进行横向管理方面也存在困难。横向管理不仅包括各学科部门之间的协作教学,也包括部门合作拓展课程等有价值的活动,能够较好地体现团队精神。但学科部门结构的不合理,给学校的管理工作带来了不少问题。

我国高校长期以来受到精英主义的影响,认为高校的主要使命就是选拔优秀人才并使他们保持优秀,而不是考虑将不优秀的人培养为优秀的人才,或者将优秀的人培养为更加优秀的人才,管理方法单一,缺乏进行质量管理的动力。在我国,最早引进全面质量管理的高校,主要是依照上级主管的行政命令要求来执行任务,以实现与国际接轨的现实需要。它们为获得国际市场的准入资格,才被迫依照国际标准提升教学质量,实行全面质量管理,保证学生的质量达到国家标准。在政府与企业的双重压力下,全面质量管理理念才逐渐被引进教育领域。我国高校缺乏相应的主动性,是在企业和政府的干预下才不得不进行改革。在实际运行的过程中,我国高校始于外部的干预,内部动力不足,这使得实践中的教学工作处于被动地位,形式主义现象十分普遍。简单来说,建立高校质量管理体系,全面实施质量管理,是新世纪高校的必然选择。

在管理方法方面,高校往往只重视目标管理,而忽视了过程管理。我国研究型的高校质量管理基本上一直沿用传统的目标管理模式,缺乏过程管理的自身特性,缺乏对管理过程行之有效的监控,将质量控制的重心放在教育工作效果的评估上,事前控制能力较差,对学校教育质量的评价采用的通常是终结性评价。这种模式具有简单、高效、最终控制的显著优势,对于成本较低、具有可逆性的产品进行生产过程的管理,采用以目标管理为主的管理模式是行之有效的。然而,对于成本较高、不可逆转的高素质人才培养的过程而言,一旦教育质量出现问题,往往会造成无法弥补的损失以及无法挽回的后果。

高校之所以要开展教育质量检查,主要是因为要通过校外评价与自我评价相结合的方式,推动高校进行办学方向、课程开设、学生学业成绩等方面的改进工作。许多高校还未能深刻理解质量管理和高校生存发展的重要意义及其中的深刻含义,单纯是为了通过质量审核小组的审核,这导致高校部门以及相关单位都对质量保障、规章制度文件和质量记录做了大量的准备工作,耗费了大量的时间和精力,而在评估工作结束以后,又回到了之前的状态。为了使质量管理的目标和要求贯彻到日常的学习生活中,全面实施质量管理必须要建立质量管理体系,制定质量方针、质量手册、工作流程以及岗位说明书,对相应的质量活动进行详细的记载,并严格要求质量管理体系的文件档案以及与其相对的质量记录。质量评估的中介必须进行定期的质量审核,以检查学校的质量管理活动是否符合教学的计划安排,计划的实施情况是否达到了预定目标。

全面质量管理的理念最初发源于企业,因为将其引入学校一定有其局限性。高校在引用全面质量管理模式时,要以市场与社会需求为导向,并结合自身的情况,基于高校教育自身的发展特点与教育的发展规律,采取不拘一格、灵活多变的管理方法,最终促使学校教育质量全面提高。

所有这些问题,高校必须严肃对待,加以研究和探索,寻求过程的不断优化和完善。任何一种培养模式的推行都不是一蹴而就的,没有不断尝试和探索的精神,就不可能产生完备的理论与实践。大胆质疑是前提,不断创新、不断冒险的精神更是一种必需。如今,高校教育领域尤其需要统一地、理性地引进一些新的管理理念,为学校注入新的生机。

二、在管理层面存在的问题

当前,我国高校人才培养在管理层面普遍存在着一些问题,如教学监控力度不够,管理制度不健全,师资队伍素质、学历层次偏低,片面强调学术性,课程设置不合理,学科条块分割过细等,加强对这些问题以及其对策的探讨,对于全面质量管理评价体系的建立具有重要意义。

(一)高校教学监控的内容较为单一

高校教学质量监控的实践教学具有特殊性,因而高校应该形成一套以科学的专业规范为大纲,以社会化的人才评价为标准,以职业能力为导向的教学质量监控体系,并在此基础上确定科学完善的实践教学监控内容。现有高校实践教学质量监控大都以学生考勤、实践知识考试或程序性知识考查、实习日志等为依据,未能较好地监控实践教学内容是否符合专业培养目标,实践教学是否能够提高学生的动手能力,实践课时是否符合国家标准,而这些应是高校实践教学的重要监控内容,对这些重要监控内容的忽视也是导致高校培养学生的现状与人才质量标准产生较大差距的重要原因。

(二)兼职教师的管理力度不够

校企合作的兴起推动着高校与企业在各个方面开展合作,现有的常见、易实施的形式就是由企业人员担任高校的兼职教师。第一,企业人员兼职高校教师,不仅提高了社会地位,还能获得一定的经济收益。第二,高校可以有效利用企业人员丰富的实践经历,提升学校的整体实践水平,弥补高校实践教学的不足以及"双师型"师资的缺乏。但兼职教师的聘用也存在一些不可避免的问题,比如,在学校实践教学课程中,兼职教师多于本校专职教师;兼职教师在教学态度上欠佳,不如本校专职教师专心;兼职教师拥有多重工作身份,在高校实践教学中所投入的精力要少于专职教师;高校对于兼职教师的考核办法与专职教师基本无异,都是以教师指导日志以及学生实习日志为主,缺乏针对性;高校亦不能科学、合理地对兼职教师工作量进行考核,导致部分兼职教师有空可钻。

(三)高校学生请销假制度较为松散

教学或者实习期间,为了保证正常的教学秩序以及学生的安全,高校都会针对学生的请假事宜制定详细的规则以及责任制度,这些大多由学生指导教师负责。但在实际的管理中存在不少问题。比如,部分学生无视请假制度,还有一些学生存在违反规定的现象等。而造成这些问题的原因主要有三方面:一是学校人力物力方面的影响;二是指导教师的负责程度以及态度问题;三是部分学生自身认识不到位,对自身不负责。

(四)对指导教师的考核不力

指导教师作为高校实践教学中的重点队伍,其任务十分繁重。他们不仅要管理学生的日常教学,也要掌握实践教学的经验,还必须具备相应的动手能力。就整体而言,高校教师大多都具备牢固的理论知识,但缺乏过硬的实践能力和与市场需要适应的专业教学能力。校外兼职教师在一定程度上能够为指导教师队伍的建设提供帮助,但对校外兼职教师的管理还存在着不稳定因素。由此可见,构建高校优良的指导教师队伍将更有利于高校实践教学管理水平与教学质量的提升。

高校实践教学检查结果作为学校管理层对于实践教学任课教师和学生评定的重要依据,应充分发挥其作用。对于高校中的教师进行工作考核,往往很难及时反馈。对于高校教师的指导工作评定,应采取有效的措施,对于那些指导工作完成得较好、学生评价较高、实践教学成果突出的教师,应给予物质上的奖励和精神上的鼓励,通过经验交流会等方式树立典型,发挥示范作用;对于在指导过程中态度不端正的教师,给予一定范围内的通报批评。通过激励和惩罚措施提高指导教师工作的积极性。

(五)评价信息的反馈渠道不畅通

对于实践教学检查而言,监控评价的结果多用于教师的奖金分配、晋升考察等方面。在实践中,高校教师往往忽略了监控评价信息,只注重评价结果对于自身利益的影响。由于缺乏教师对学生以及其他任课教师教学评价信息的反馈,因此无法全面了解教师能否认真对待所任课程的教学评价,也无法激励教师根据学生以及其他教师的建议提升自我技能,更无法准确预测教师在下一教学阶段是否能够有所改进,教学监控评价失去了应有的价值。高校实践教学没有形成独立的评价系统,采用同样的教师评价标准,既不符合实践教师的教学特点,也难以衡量教师的教学质量。

三、在管理机制层面存在的问题

近年来,为提高人才培养质量,教育管理部门及高等学校进行了许多改革,但收效甚微。如何建立高校教学质量评价工作的长效机制,亟待从机构设置、制度激励、以人为本、规则意识等方面进行策略性研究。

(一)缺乏完善的质量管理机构

只有机构的层次健全、部门完善,才能在组织上为实行有效的全面质量管理奠定一定的基础。而目前高校的质量管理机构基本可以形成两条主线:一条线主要负责教学质量,由主管教学的副校长、教务处与院主管教学的副院长或者副主任组成;另一条线主要负责德育,由校党委、校团委以及院系的党总支、分团委组成。这种机构设置的缺点在于:第一,管理机构的设置是分割开的,负责教学质量管理的机构与负责德育的机构各司其职、各自为政,不能形成一个统一的有机体;第二,管理机构的层次不完善,在校长、学院院长和院系主任的层次实际上都是个人负责,由于个人管理与需要处理的事物较为繁杂,因此容易使质量管理工作流于形式;第三,质量管理机构的组织尚不完善,主要是由各个机构的代表来共同组成管理机构。很显然,这样的机构无法实现全面提高质量的任务。因此,应建立并健全质量管理机构。在学校方面,应成立由分管各项工作的校长和党委书记组成的高校质量管理委员会,对全面质量管理工作进行集体领导。同时,在质量管理委员会下设质量管理处,由教务处、科研处、财务处、学生处、后勤部、党委、团委等部门的成员组成。在院系方面,应该设置由教师和学生代表组成的质量管理小组。充分调动各方面的积极性,遵照团队合作精神,主张进行团队管理,每一层次的管理都由集体合作完成,促使管理团队组成有机的整体。

(二)缺乏以人为本的管理机制

现代教育价值观的核心是"以人为本",它注重个人的主体地位,同时把人的个性发展和人的全面发展相结合,把人的科学精神和人文精神相结合,把社会的发展和个人的发展相结合,培养人的优良品质,使其形成自我价值观念的行为规范,从而能与21世纪多变的环境相适应。

以人为本的管理机制本是为了培养更好的人才,在培养过程中应提高培养效率,减少不必要的损失和麻烦,加快人才成长速度。但事实上是,以条条框框为基础的管理机制使管理者严格按照要求进行人才培养,并且不会考虑到其他的制度对发展的要求,避免花费更多的时间,这时"为了人"的管理转变成了"人为了"的管理,这种管理方式不利于对人才创新能力的培养。我国高校现在断层化严重,这是由高校管理层选举机制决定的。大学教师并不可能成为高校的管理层,这些管理层大都是由教育部教育厅任命。教育家治校、教授治学是我国教育现状的具体反映,自然而然的,大家就认为应当从治学人中选拔治校人。然而实际情况是,教育家和教授更多的是一种管理阶层中的上下级关系,教育家掌握着管理大权,教授只能在管理者的制度下进行教学活动。细分来说,校级领导的管理权力较大,掌控着整个学校大部分的事务执行方向,而院级及以下的领导阶层只能从大方向上把握自己学院的自主性,这不利于学院学生的个性发展。这一系列的高校管理机制不利于激发学生的兴趣,大大降低了下属管理层的积极性,不能有效培养高质量人才。

(三)缺乏统一规则的意识

在我国传统的教育管理体制中,统一规则的意识十分薄弱,不少规章制度都由相关职能部门从自身工作角度考虑,自己制定,缺乏相关部门间的沟通和交流,在管理意识方面缺乏系统观念。由于利益的驱使和服务意识的淡薄,加上工作接口缺乏明确的规定,工作中时常会出现接口不明、责任不清、互相推诿的现象,给高校的教育环境带来负面影响。

整体来说,我国高校教育质量管理缺乏一套系统、科学、规范的管理体系和机制,没有全面、系统、持续地将教育的各个过程以及对其产生影响的可控因素进行有效调控,妨碍了全面提高学校教育质量工作的进行。建立一套全员参与、科学灵活、人人有责、全程实时受控与持续改进的教育质量管理体系和运行机制,是我国高校面临的重要任务与使命。

四、在管理过程层面存在的问题

高校教学质量管理要求高校对实践教学的每一环节都进行管理。但是在管理过程层面仍然有许多问题,包括学生的认知实习培育没有落地、制定的实践教学目标与现实不符、自主学习暂时没有形成、校外实践教学监控不到位、高校对学习的动员活动形式化等。

(一)实践教学目标的制订与实际脱离

我国教育传统以理论教授为主,现在我国的高校教育仍然存在这个弊端,轻视对学生实践能力的培养,这不利于培养学生动手解决遇到的问题的能力。

我国高校的教育教学的目标没有统一的标准,是由各个学科内部确定并单独上报,缺少专家审核或匹配社会的过程和步骤,极易导致教学目标不切实际。当目标与现实不匹配时,过高的目标会打击教学的自信心,使教学目的无法实现;过低的目标则会浪费现有资源,不能对社会发展和人才培养做出应有的贡献。

目标与实际脱离有以下两个原因:第一是改革力度不能使教学目标合理规定,不利于人才培养改革;第二是没有足够的教师储备队伍来应对飞速发展的教学需求,分配到每个教师身上的任务比较繁重。教师的精力被过多的教学任务分散,以至于不能关注教学以外的事情,比如科研研究和学生素质培养等。实践教学目标偏离实际不利于教学的逐步发展,同时对实践教学管理的过程造成影响。

(二)高校的学习动员工作形式化

高校是否重视对实践能力的培养直接影响了高校的教学质量。如今学校的学生差距正不断扩大,学生出现两极分化情况,部分学生没有上进心,只为了学历而上学,以至于在实际学习中不能积极思考,对待学习科研态度潦草,不能使自身的能力水平得到发展。

虽然高校采取了一些措施来提升学生的学习积极性,但成效并不显著。这些措施以动员学生思想为主,主要有:实践前开展思想动员大会,及时介绍实践的作用,引起学生对其的重视;以学院或专业为单位开展全员思想动员大会,介绍实践活动的注意事项、总体目标、规章制度。这种动员工作往往比较正式,学生对其大多具有敬畏心,不利于拉近和学生的距离,无法激发学生的兴趣,使动员大会流于形式。学生受一时的鼓舞不会产生持久的效应,只有对实践活动有了内心的共鸣,才能推动自身全面向好发展。所以,高校应组织有切实效果的多样动员工作。

(三)认知实习工作得不到落实

认知实习的作用是帮助学生了解专业概况和发展目标,促进个人实践能力和自身素养的提升,有利于学生更好地适应社会环境。认知实习作为专业入门教育,可以激发学生对专业的兴趣,提高学生实践的内动力;还可以明确对未来的方向,及早辨别自己与学科的适配性,找到适合自己的专业,有效提升自己的能力。

虽然高校规定了认知实习各部门的职责和组织的分工,但是并没有规定认知实习的考核标准,忽视了最为重要的一部分。各个教学部门跟随高校的规定,同样看重认知实习的组织,但对于开展它的目的即帮助学生了解专业从而实现学生的自身发展没有考虑在内,所以对于教学质量和教学效果的考量也有所欠缺。高校教育的认知实习已经形成了固化,以完成任务为目的的教育居多,缺少重视。

(四)校外实践教学监控不到位

校外实践教学占据了高校实践教学的较大部分,但是对校外实践教学的监督却有所欠缺。

一方面,在部分高校里,学生采取校外实习作为主要的教学实践方式,进行校外实习的学生和教师具有相对的独立性,能够挣脱校园的约束,监管方式大多采用电话走访,具有相对随意的特点,电话走访这种形式大大增加了信息传递的不确定性,不利于反映真实的情况。学生和企业的合作学习可以高效地使学生成长,但是监管问题突出,存在监管不重视、不到位的情况,这加大了学生实习的风险。

另一方面,大部分高校在教学监督方面没有专业的组织,对教学效果和质量的监督经常出现敷衍了事的情况。具体表现为:认知实习流于表面,教师监督和校外活动监督不全面;学生大多进行自主实习而没有规范和制度;学生纪律松散,请假制度不完善;毕业后的去向跟踪困难。

(五)自主实习得不到保障

许多高校已经将自主实习当作学校主要的实习方式。自主学习是指学生充分发挥主体性,自主选择实习单位。

第一,自主实习可以锻炼学生不同的能力,同时能满足学生不同的需求。例如,学生独立完成实习工作,锻炼了交际能力和实践能力;自主选择实习地点有利于学生的生活规划,为不同地方的经济做贡献。

第二,学生自主实习有助于分散学校的压力。高校能够做到提供大量实习机会的学校寥寥无几,大多数高校不仅不能提供共享实习资源,甚至连自身的实习名额都无法保障。

第三,有一些学生会选择专业不对口的实习,假如跟随学校统一安排的实习,将没有更多的选择机会,不利于学生拓宽眼界、增加感兴趣的实习经历,所以自主实习可以帮助学生找到自己的兴趣所在。

同时在自主实习的过程中存在许多问题,比如学校与学生关于实习的沟通问题,倘若学生选择自主实习,学校在与同学的联系上就会有一些局限性,只能通过实习单位来了解学生的实习状况,采取抽查的方式与单位电话沟通。在出现问题时,可以让院系的对应老师负责跟同学进行沟通核实。倘若学生选择校外实习,则依靠学生的自觉进行实习实践,唯一可以采用的方式只有电话访谈。

核实后容易出现的问题包括:学生实习的情况不属实,经核查后并未在岗;学生依靠家中的关系网进入企业实习,但是虚挂了名头,并没有真正地进行实习工作;出现岗位变动情况但是没有及时上传,加大学校核实的难度。实际情况是学校缺少资源力量,往往会让学生上交实习报告来证明自己的实习经历,这就造成实习监管出现漏洞。

(六)实践教学考核力度不足

高校相对重视理论教学而轻视实践教学,相应的,对于理论教学的考核更加严格专业,有着一套独立的评价考核系统,但是实践教学的考核没有自己独立的标准,而是沿用理论考核的方式。一些高校甚至采用笔试试卷的形式进行实践的考核。因为高校没有传达出对实践教学的重视程度,所以学生们也无法感受到实践的重要性,这不利于实践教学的开展和学生自身水平的提高。

高校选择固定的考核标准和统一的考核形式不利于学生实践能力的多样性发展。由于专业课不同,其实践方式和能力要求都不尽相同,而且在同一个学科中,不同学段的实践方式也不同,所以不能使用一样的考核形式来把握老师的教学质量、目标的完成情况以及学生实践能力的形成程度。高校在建立考核标准时应当注意在遵循事物发展规律的基础上,综合考虑实践教学的目标,重视实践教学工作,将监督考核作为必不可少的工作认真对待,这有利于为实践教学提出建议。

社会在不断发展,给教育工作提出了许多新要求,教育者需要与时俱进、不断创新,所以应当对自己的教育经验及时总结。高校对于教学总结做出了实践,例如,定期举办学生座谈会,使学生发表对本段时间的教学建议;召开教师座谈会,促使教师对自己的教学工作做出总结,寻找不足并加以改正;不定时地检查学生的实习实践报告和老师的指导手册等。高校关于实践教学的侧重点应放在关心学生能否完成实习和实践的系统学习,关心老师能否实现教学目的和教学计划的完整展现。在这当中,对自身的总结也尤为重要,及时地总结可以发现教育中的漏洞并进行改正,应当观察实践教学目标能否和社会人才需求达到统一,实践教学的方法和策略是否科学有效,学生参与教学实践的效果如何等。

五、在教师和行政人员层面存在的问题

教师素质也称为教师专业素质,是指教师能够顺利从事教育活动的基础条件或者基本品质,教师在教学活动中应遵循此素质规范,在处理与他人、与职业、与集体、与社会等的关系时牢记在心。教师素质由八个要素组成,分别是教师职业理想、教师职业责任、教师职业良心、教师职业态度、教师职业技能、教师职业纪律、教师职业荣誉与教师职业作风,这些要素从不同方面反映着教师职业素质的本质与规律,同时互相配合,组成一个严谨的教师职业素质结构模式。教师素质主要通过师德、师能两个方面体现出来。师德就是教师的职业道德,是指教师和其他教育工作者在从事教育活动中必须遵守的道德规范与行为准则,以及与之相匹配的道德观念、道德情操和道德品质。师能是指教师在教育工作中拥有牢固的理论基础知识、熟练的教学技巧以及旺盛的研究能力,在学生的学习和实践中能给予他们科学的指导,使他们具备真才实学的能力。

(一)高校教师在整体素质方面存在的问题

在市场经济快速发展的大背景下,大多数高校教师都能恪守职业道德,表现出优良的师德风范,取得了广大群众的认同以及社会各界的尊重。然而,高校教师的整体素质仍然有待进一步提升。

1. 缺乏育人意识

高校的教学以学科理论知识和专业技能方法的传授为主要任务,因此有些高校教师片面地理解了教书育人的具体内涵,认为只要把课讲好,教学任务就完成了。他们认为思想道德教育是思政老师和班主任的义务,缺乏一定的培养人的意识。所以,会出现老师因不能考虑到学生的思想道德而造成教学效果大打折扣的现象,教学内容也就无法将其精髓完全显现出来。而且,因为教师不懂得以学生想法为主,会造成学生与老师之间沟通较少的问题,且学生与教师的沟通仅有关于专业知识的话题,不能够对学生的三观、思想、人格等方面做出正确的指导。

2. 缺乏敬业精神,治学不够严谨

有些教师虽然身处教学岗位,但缺乏一定的敬业精神,对学生要求不够严格,关心不足,主要精力并未放在教书育人方面;有些教师上课态度不认真,对教材的钻研不够,知识不能及时更新,对教学方法的研究不够深入,不能够结合学生的特点进行因材施教;有些教师在教学时不懂变通,知识单薄,理解肤浅,

方法落后,对于学界一些新的理论观点和新的研究成果没有足够的敏感度,以至于没有办法传授给学生最新的知识;有的教师治学不严谨,学术风气不正,人云亦云,没有创新思维,没有自己的独到见解,教学质量没有保障,对学生实践能力的要求不高,敷衍应付。

3. 缺乏基本素养,学术道德较低

有的教师师德不规范,不能为人师表;学术道德较低,弄虚作假,以教谋私,还有少数人抄袭、剽窃他人学术成果等;有的教师不具有教师应有的教姿教态、言行仪表,甚至无视教师基本的道德规范,把不健康的思想行为灌输给学生,这不利于学生健康成长;有的教师对师生间的关系和地位没有一个明确的认知,这会造成师生之间不平等的地位,影响师生的正常沟通和交流,使学生在生活中多与老师进行专业知识探讨,而少有人生哲理沟通,更有甚者在教学中出现无礼行为;有的教师拒绝融入教师集体,不听指挥,依照自己心情进行教学活动;有的教师对他人不尊重,张扬跋扈,完全以自我为中心,对别人指手画脚;有的教师独来独往,对于分配等事物斤斤计较,没有团结合作的意识,等等。尤其是在人才相对聚集的地方,有发生文人相轻的可能性,即互相之间心思缜密,都瞧不上对方,不想与别人合作完成工作。以上这些都表现了教师合作意识的淡薄,既不利于教师自己的成长,也不利于学生的全面发展,同时会影响学校、专业的发展速度。

4. 缺乏创新能力,知识更新缓慢

高等院校长期采用传统的教学模式,导致人才的使用条块分割、相互封闭,从而使知识的更新速度缓慢,阻碍了学术的交流,使知识形成了单一化的格局,部分教师知识陈旧,知识面狭窄,缺乏创新意识。此外,传统的高等教育缺乏必要的竞争,管理体制与信息获取手段较为落后,学术环境相对封闭,许多教师的创新能力不足,参与科研的意识淡薄,科研能力较差,不能通过自主研究将本专业的知识运用到实际的教学中,他们的教学活动的形式极为单调。

(二)高校行政管理人员的素质状况

高校行政管理人员的素质状况从整体上看是良好的。他们有着强烈的事业心,遵纪守法,为人处事比较谨慎,乐于学习,积极进取。但随着社会主义市场经济的进一步发展、高校教育的进一步壮大,高校不仅要应对市场竞争带来的冲击,还要应对人事、分配制度的改革。高校行政管理人员在思想上产生了

困惑,道德水平出现滑坡,呈现出各种各样的状况。

高校行政管理人员存在的问题主要如下。

1.道德意识薄弱

有些行政管理人员道德修养意识薄弱,浮躁不安,不甘于寂寞,注重名利,好大喜功,太过注重个人得失,不懂得厚积薄发,不能做到多思慎行,急功近利的现象严重;不具备脚踏实地、求真务实的工作作风;看重待遇和地位,注重形式,唯独不做出贡献。

2.工作不专一

行政管理人员的工作在有些情况下确实不能够得到认可。高校的行政工作事务繁杂,通常是忙碌而无利,辛苦而无名,每天都有许多头绪纷乱的事务需要处理。虽然拥有同等的学历和资历,付出的劳动比一般教师要多,得到的报酬却远远不如普通教师。这使行政管理人员的心理产生不平衡,思想出现浮动,工作不专一,缺乏创新精神。

3.职业素质不高

高校后勤社会化是我国高校教育发展的必然趋势,也是加快我国教育发展的必由之路。现有的管理运行方式与以往有着较大差异,比如学生宿舍公寓化,宿舍日益成为学生学习的重要场所,然而长期以来宿舍管理人员素质不高、层次偏低,不能够胜任管理的角色。这种情况大大削弱了宿舍作为学生进行学习工作重要载体的作用和减少了宿舍价值的发挥。

4.信息素质偏低

信息素质是人类素质的一部分,是因为人类社会的信息意识、信息知识、接受教育、环境因素影响等相互作用而形成的一种基本的、稳定的、内在个性的心理品质。面临着知识经济以及信息社会的新挑战,高校的重要行政管理人员必须要具备良好的信息素养。信息素质的体现被人们总结为四个方面:网络素质、传统获取知识的素质、媒体素质、计算机素质。这四个方面是高校行政管理人员所需要具备的重要素质。高校行政人员的信息素质和信息时代的要求差距较大,信息意识不强,对信息作用的认识不足,对信息的了解不够充分,缺乏追踪最新科技成果的动力,不能及时地捕捉相关信息,对被动接收信息的依赖性较强。同时,高校行政管理人员所拥有的信息技术与信息手段不够先进,使得他们在信息获取方面也存在诸多问题。

六、在教学质量评价层面存在的问题

教学质量评价,即高校根据相应的教育目标与教育价值观,针对教学中的学习进程与课堂变化所进行的价值评判过程。

(一)评价制度缺乏灵活性

在我国的高等教育中,对学生的评价制度较为简单,采用统一和硬性的标准测量,在包容度和灵活度上有所欠缺。大学里的等级考试会令学生自顾不暇。例如,对于英语来说,学生为了通过英语的等级考试,花费大量时间在英语学习上,但是有些学生的兴趣和特长并不在英语学科上,这就不利于他们在别的学科中进行自己的学习和思考。分数和考试仍是对学生主要的考核评价标准,采用闭卷笔试的形式,以分数排名为唯一参考标准,极大制约了学生的自主创造力,甚至使其失去对学习的兴趣和激情。科研成果的多少是对教师的参考标准,许多教师只重视参与科研而忽视教学任务,并且不注重科研质量只看重科研数量,这就会出现一种急功近利的不良风气。需要明确的是,教师对学术进行研究并不能只为了追求名利和薪资,应该以改善教学活动为主要目标,接触新思想,创新教学内容和方式,给学生带来新的专业知识的补充,从而开发教师的创新能力,推动学术研究进程,提升学术研究质量。

对评价制度的关注涉及社会对大学的评价、学校对教师的评价两方面。就社会评估组织与教育行政主管部门来说,不能以传统的知识质量观来衡量处于新的历史时期的研究型大学创新人才的培养,不能以教学型大学的质量衡量尺度来衡量研究型大学的教学质量,也不能以职业技术教育所要求的大学生就业率来衡量高校精英教育的人才培养质量。而学校对教师的评价主要存在两个问题:首先是教学质量观的转变问题,其次是从不可评价或者难以评价向可评价转变的问题。由于高校创新人才的质量呈现具有一定的滞后性,学校对教师的评价具有较大的难度,学校对教师教学行为的评价既不能搞"一刀切",也不能放任自流。与此同时,应从学生感知与投入的角度对教学过程进行评价,从学生各种有效学习活动的进行程度来呈现高校的教学质量。

(二)学生的评价体系

学生的评价体系可以从知识与技能、过程与方法及情感态度价值观等多个方面入手,这一体系是学生评价的重要考量标准,即可以看作人才培养目标的具体措施,展现了高校对于人才培养的态度和看法,学生评价可以指引学生前进的方向,使其及时发现成长中的不足,帮助学生向积极健康的方向发展。高校的人才培养总目标必须要有具体的学生评价体系,但是在社会进行创新人才培养的大环境下,许多高校实施的学生评价体系仍然有一些不足。

1.学生评价目的与评价功能的异化

学生评价出现了功能异化的问题,它本是帮助学生认清现实、寻找目标、促进个人发展的功能,但是如今我国高校使用学生评价系统来选拔人才,具体表现为将学生通过评价系统进行分级,利用分级结果来进行评优评先、毕业审核、奖学金发放、就业推荐等,评价系统失去了它原有的意义,成为优胜劣汰的考核性工具,继续维护着学校的精英教育。利用这种方式选拔出来的人才往往只是考试的附属品,不能说明其有优良的品格和健全的身心,学生的身心健康没有得到全面发展,也不能形成个人所具有的独特的个性,造成了分数为大的畸形社会现象。相应的,评价体系的实行过程中重视学习知识忽视发展能力,重视结果评优忽视过程努力,重视维护外在忽视建设内在,重视完成学业忽视塑造人格,这些无不打击着学生对学习的积极性和主动性,使其不得不按照标准发展学习而不能培养自己的兴趣所在,长此以往,这会使学生的人格得不到全面发展。甚至还有一些学生在评价体系中被称作"差生",大大打击了学生的自尊心和自信心,不但使其对学习失去兴趣,而且会对个人的发展和社会的和谐造成不利影响。

2.评价内容的片面性以及评价方式的机械化

现在许多高校使用的评价体系是"综合素质评价",主要分为德、智、体、美等几个方面,即同时对学生的思想品德、政治倾向、学业成绩、身体素质等方面进行全面考察。采用这种综合素质评价可以对所有在校生进行评价,具有普适性,能够对学生多方面的情况进行了解和把握,但有一点不足的是,它具有一定的刻板性和片面性,这表现为虽然它可以从整体上来对学生进行全面评价,但是对于新时代的创新型人才培养来说显得有些捉襟见肘。从内容设定来说,高校存在多种多样的专业类型,其评价内容不能一概而论,评价模式也不尽相同,学科与学科之间存在着差异。而使用综合素质评价时,其中没有呈现出针对众多学科或领域的普适评价标准,缺少创新评价机制,例如评价新时代创新学生是否有勇于探索的精神、坚韧不拔的意志和独立自主的品格,是否具有对应的人生观、世界观和价值观。除此之外,高素质人才培养应注意对学生的团队合作能力、知识反思能力和坚持学习能力的培养,这是一个创新型人才所要具备的显性素质。

高校所采用的评价方式大多为测量评价,它在学生的评价体系中起主导作用,力求用客观科学的标准对学生的发展成果进行测量,但常常会出现与实际现象相悖的情况。举个例子,纸笔测试是大家熟悉的学习结果评价方式,它考查学生的知识掌握情况,能否将其呈现出来就反映了学生对其的熟悉程度,但是存在一个忽视考查学生分析能力的弊端,对于问题的解决能力无法从单一的纸笔测试中看出,它对学生的创新性和思辨性没有起到积极的推动作用。另一种经常出现在评价体系中的评价方式是"基本分加减分",这种方式虽实行起来简单有效,但它的统一性尺标不利于学生个性的发展,在当今社会需要创新型人才的背景下,显得格格不入。

3.一味追求评价过程的简单化与评价结果的终结化

许多高校仍然将辅导员或任课教师当作学生评价的主要实施者,让他们对于学生的课堂表现和期末成绩进行打分评价。这样的评价方式有许多不足,教师在评价过程中没有明确的规则,往往随心而发,主要依据学生的考勤和考试结果进行评价,不能对每一个学生进行富有针对性的评价,忽视了学生的个性表现、创新能力,对于新问题的出现,常常忽略学生发现问题、分析问题和解决问题的能力。

第三章
新时代大学生 人才培养模式创新

第一节　人才培养模式的内涵与类型

一、人才培养模式内涵

在界定"人才培养模式"的内涵之前,需要了解"模式""人才培养"和"人才培养模式的特点",以保证概念的科学性和客观性。

我们需要了解,在古代汉语中,"模"的意思是"法",《说文解字》中对"模"的解释是:"模,法也。"①"法"就是指使用其他的工具、模具或方法来制作用品。古时由于制作材料有所不同,所以将"模"分成了四种类别,《中文大辞典》描述道:"以木曰模,以金曰镕,以土曰型,以竹曰范,皆法也。"②汉语在时间的长河中不断发展,"模"这一字在"法"的内涵基础上引申出了一些别的意义。《词源》中写道,"模"的意义有三:其一模型、规范,其二模范、偕式,其三模仿、效法。所以,从词性角度来说,"模"既可以是名词,又可以是动词;从词义角度来说,"模"能够形容物品创造的方法,也能够指成为标准的一些事物,但总的来说强调事物的型、范或式,也就是结构。"式"指代样式、形式。

《现代汉语词典》(第7版)把"模式"解释为,某种事物的标准形式或使人可以照着做的标准样式。③《辞海》中"模式"的概念是,可以作为范本、模本、变本的式样。综合二者对"模式"一词的理解来看,"模式"一词有两个方面的意义:

---

① 许慎.说文解字[M].北京:中国书店,2017.

② 中文大辞典编纂委员会.中文大辞典[M].北京:中国文化研究所印行,1982.

③ 中国社会科学院语言研究所词典编辑室.现代汉语词典[M].北京:商务印书馆,2016.

一是样式或模型,比较侧重于事物的结构;二是操作标准或方法,意思是可以使人遵照一定的标准进行复制或模仿。在软科学中,"模式"即根据具体的思想指导,由若干因素组成,构造出来的对事物的创造和进行具有实践指导功能和形态构造功能的理论模型与操作式样,其特征是具有可效仿性。模式属于过程范畴,并不能被简单地归于目的与结果范畴或内容与形式范畴。

人才培养模式的建立可以从四个方面着手。

(1)培养目标。应以培养复合型人才为主,注意对人才的创新创造力的培养,使高校学生可以进行自主研究、独立思考。

(2)合理规划学生的知识结构。高校人才应对自身的学科知识掌握牢固,拥有开阔的视野,可以利用脑中现有的知识结构解决问题。

(3)合理划分人才结构,依据社会现实调整为"宝塔形"这种需要的结构,合理调整专科生、本科生、研究生(硕士生和博士生)之间的比例。

(4)学会利用人才需求预测,对学科专业做到设置合理,构建布局合理、门类齐全的学科专业体系,合理把控招生比例,为提供社会需要的人才服务。

之后,在高等教育的背景和环境下,人才培养必须解决七大问题:一是教育理念的确立,二是人才培养目标的设定,三是人才培养对象的选择,四是人才培养主体的开发,五是人才培养途径的选择,六是人才培养过程的优化,七是人才培养制度的保障。所以,对于人才培养体系来说,它由七个要素组成,分别是理念、目标、客体、主体、途径、模式及制度。教育理念的含义是依据某种教育思想观念,对教育活动的活动原则、职能任务、目标价值和基本属性的构成理解,同时指人才培养的目标要求和在此目标下诞生的一些具体观念。确立教育理念可以回答一些残留问题,例如"如何培养人才""培养什么样的人才""为谁培养人才"等。教育理念有自己的层级划分,从主体角度来说,有国家教育理念、高校教育理念和教师教育理念三个层次,国家教育理念作为所有高校对人才培养的总方针,对我国的教育发展有重要的指导意义;高校教育理念和教师教育理念是对人才培养目标的具体表现,主要包括人才培养理念,注重教学观、质量观、管理观、科研观、学生观和评价观的确立。人才的培养目标就是教育理念的具体表现,即"培养什么样的人才",它对人才所具备的品格、能力、知识等都提出了要求,表明了它的适用方向。而培养主体是人才培养的统领者,主要包括计划的组织者、设计者、管理者和实施者等,即"由谁培养"。具体表现为,高校的人才培养过程里,设计者是高校,组织者是院、系、所,实施者是导师和教师,管理者是教学管理人员。相较于培养主体来说,培养客体作为它的对立面而存在,是人才培养的作用对象,即"培养谁"。在高校人才培养活动中,培养客体就是大学生。大学生同时作为自身的培养主体而存在,具有双重身份特征,大学生可以接受学校人才培育的各项活动和计划,同时对于自身的人格形成有一定的把握,需要通过消化吸收来形成自己的品格内涵。培养途径就是高校人才培养中所采取的方法,即"通过什么方式"或"借助什么载体",常用的培养途径有试验实践、学术交流和课程教学等。培养模式又称培养过程,是进行培养目标这一过程的重要组成部分,即"按照什么样子",包括教学使用什么方式、课程怎样安排、考试方法是什么以及导师指导内容等,灵活对以上内容进行组合,可以达到对培养模式的合理建构,侧重点是实践过程和认识过程中的形态展现。

首先,人才培养模式主要围绕主体和客体、权利和义务的关系来进行,它作为高校人才培养的规范制度和活动保障发挥着重要的作用,针对"用哪些制度来保障人才培养"问题做出回答。人才培养制度有狭义和广义之分。从狭义角度来讲,它是人才培养过程的中观体现和微观体现,侧重于体系建设、程序规定,与大学的教学、教育活动过程息息相关,由专业与课程设置制度、分流制度、导师制度、学分与选课制度、实习实践制度、学术交流制度、教学管理制度、评价制度等构成;而从广义角度来讲,它是人才培养过程中的全面体现,由招生制度、考试选拔制度、科研制度、教学制度、管理制度、评价制度、就业制度、奖励制度等构成。各式各样的制度构成了相应的制度网和制度链,进一步形成了现代大学制度体系。无论是广义还是狭义的人才培养制度,都处于大学制度中的核心地位。

其次,人才培养模式作为人才培养系统中最重要的要素系统而存在。通过前文的论述,可以得出,人才培养模式与人才培养系统不是一个等同的概念,它们虽有联系,却相互区别。人才培养系统主要包括七大要素:理念、目标、主体、对象、途径、模式及制度。所以人才培养系统包括人才培养模式,并且人才培养模式作为最重要的人才培养系统中的子系统而存在。我国高等教育人才培养在当前的社会发展趋势下呈现出稳定向好的趋势,其中相对明了稳定的要素是人才培养主体和人才培养客体,在主客体之间已经达成了培养目标的认同,都向创新型人才发展。在培养创新型人才的过程中,培养途径的确定较为容易,培养制度的改革和培养模式的创新较为困难。同时,应确定合适的人才培养模式,多多关注学生不同的个性,尊重学生的主体地位,满足学生的学习需求,在专业设置和课程设置方面依据实际情况而定,采用合理的教学方法,搭配灵活有效的课程评价机制,坚持以人为本的教育理念,使教学成果达到最大化。构建人才培养模式需要全方位考虑到这些方面,才能从根本上与其他模式区分开来。所以,人才培养模式才被称为人才培养系统中最重要的子系统,它充满活力、复杂多变,有良好的培养效果。

最后,人才培养模式既有普遍性,又有特殊性。它属于模式的大范畴,具有一般模式所拥有的特点,包括可仿效性、实践操作的模范性和理论与实践的中介性等,但同时作为一个特殊的模式种类存在,具有别的模式所没有的一些特点,即合规律性、目的性、开放性、主体性、多样性和保障性。合规律性是指人才培养模式必须遵循一定的事物发展规律,包括内适规律、外适规律和个适规律,意思是人才培养模式需要考虑高等教育自身的文化、结构、功能,需要顾及社会发展的要求,需要体现大学生的个性发展;目的性是指人才培养模式有自身的培养目标,要使人才的社会性和个性相配合;开放性是指人才培养模式需要秉持开放的态度和方法,走出封闭的学校,走向整个社会,与不断发展变革的时代相适应;主体性是指认清人才培养模式的主体是个人,不同的环节也存在着不同的主体,应当充分发挥主体的主导作用,做到以人为本;多样性是指人才培养模式具有不同的选择,采用什么样的模式需要参考不同个人的性格特征和能力特长,另外多变的社会结构不断对人才提出着新要求,高校本身的教育结构就具有多维性,这些都决定了人才培养模式的多样性。

因此,人才培养模式可以概括为培养主体根据具体的培养制度和培养理念,以培养制定的人才形式为目标,使用许多相关的理论模式和实践方法,形成了具有系统性、目的性、中介性、开放性、多样性与可仿效性等特征。其中要注意分清人才培养和人才培养模式,二者是不相同的两个概念,人才培养包括确定教育理念、设立培养目标、明晰培养主体、选择实施对象、制定培养路径、设计培养过程、保障制度七个方面。在国家层面,教育人才培养系统已经有了理念和目标上的统一,允许高校在保证国家标准的大前提下,自行对人才培养系统进行适合自身特色的改革。在人才培养系统中,主体和客体作为稳定要素不太可能发生变革,培养模式作为子系统具有多样性,可以进行适当的改变。所以,高校人才培养系统中重点部分是人才培养模式的创新,可以通过创新教学方法、设置合理的课程体系等来提高学生的学习满意度,这些途径可以有效提升教学质量,契合人才培养模式的创造性和多变性的特点。

二、人才培养模式类型

(一)跨学科人才培养模式

1.跨学科人才的内涵

"跨学科"诞生于1926年的美国哥伦比亚大学,是由著名心理学家伍德沃思(Woodworth)最早提出的。跨学科是涉及两种及以上的学科,模糊学科间的边界,同时具备教育行为和研究行为的活动,在学科领域方面,分别对社会科学、人文科学、自然科学进行研究和交叉,在这个过程中也会出现三者渗透的情况。跨学科是一种动态的教研行为,开展的是多学科的交叉研究和教学。从基础的学术思想到全面的程序、方法、学术观点,它是两种学科间的相互联系和相互作用。

对于什么是跨学科人才,学界尚未形成统一的观点。但是依据我国高校的状况,跨学科人才应被定义为经由特殊的教育模式培养出来,拥有广博的知识面和宽厚的基础理论,大体上能够拥有两门或两门以上专业技能和知识,富有创新精神和跨学科意识的人才。但是于绥贞的观点是:"跨学科人才是通过一定的教育模式培养出来的具有深厚理论基础、掌握多门学科知识、精通多种技术、善于运用创新思维、对多门学科领域产生浓厚的兴趣并取得交叉性科学研究成果的人才。"[1]所以,跨学科人才极具创新力和创造力,他们更能适应社会和科技的发展,更能预测未来的发展趋势。正是因为有多样的学科种类,跨学科人才的知识结构才具有多样性;正是因为学科间存在网状交叉结构,跨学科人才的知识结构才具有宽广性和复杂性。

跨学科人才有两个主要的特征:第一,跨学科人才具有多维的知识架构和优秀的思维品质。由于跨学科人才吸收了多种学科的知识,所以他们对于知识的认知有着多维度和立体性的特点,并且智能品质也具有"杂交优势"。具有独特的知识结构的跨学科人才对科技发展有更加全面的认识。在能力结构上,他们的层次、要素和结构序列较为复杂;在知识思维上,他们具有灵活的目光和敏

---

① 于绥贞.面向21世纪培养跨学科人才[J].科技管理研究,2000(3):1-5.

锐的反应,可以快速地捕捉到新生事物的发展态势,并且对于出现的问题可以较好地分析和解决。第二,跨学科人才具有群体合作意识。他们在遇到问题时会寻求不同领域人才的帮助,形成合作共赢、团结互助的局面,既可以丰富自己的知识储备,又能够开阔团队的视野。

2.跨学科人才培养模式的内涵

高校人才培养模式即高等学校作为培养主体,考虑政治、经济和科学技术发展的需要,同时兼顾自身的办学条件,以具体的教育思想为指导,对人才的培养体系、培养目标、培养制度、培养过程的系统组合形式的简单概述。它的定义表示出了三方面内容:第一,专业规格和人才培养目标,以及学生在素质、能力以及知识等方面要达到的基本要求,学校的定位,多样化的指导方法等;第二,课程体系和教育内容,包括课内与课外、理论与实践、课程结构和教学计划以及基础与专业的教学内容等方面;第三,教学和管理方法,包括教学组织、教学制度、教师队伍与结构、教学方法及教育资源配置、教学评估、办学指导思想等。通过以上定义的阐述,不难总结出,跨学科人才培养模式即是高等学校依据自身的办学条件和社会发展需要,对目标群体即具有广博知识面和宽厚理论基础的跨学科人才设计的完整的培养体系、培养目标、培养制度、培养过程的有机组合形式。

现如今有五种跨学科人才的培养模式,即主副修模式、双学位模式、综合性试验班模式、通识型模式、跨学科学位模式。不同的模式可以使大学生进行不同的选择。而对于人才培养来说,丰富人才培养模式是进行改革的重要因素。

3.跨学科人才培养模式的重要性

跨学科人才培养是现在高等教育发展和改革的普遍趋势,它有利于学生个体的全面发展,推动了社会科技的进步,已经在教育综合化的背景下占据了一片天地。此培养模式的确立将会带来教育的大变革,它对学科的交叉综合发展有了更高的要求,推动了高校教育的改革,促进国民经济的发展。跨学科人才培养模式可以帮助大学培养更优秀的人才,为培养过程提供科学可靠的实施方式。人才在不同学科的发展可以沟通学科间的观点,产生思维的碰撞。据统计,诺贝尔奖获得者大部分都曾经涉猎过不同学科。

(二)复合型人才培养模式

1.复合型人才的内涵

所谓复合,即用两种或两种以上不同事物进行合成。复合型人才是提倡同时拥有两个(或两个以上,但一般是两个)专业(或学科)的基本技能和基本知识的人才。一般情况下,复合型人才可分为三类:跨一级学科复合型人才、跨二级学科复合型人才以及以一个专业为主、兼有多门学科知识的复合型人才。复合型人才既有人才的一般特点,又独具特征。

第一,综合素质高。一般来说,复合型人才在多方面的素质都比较高,例如心理素质、生理素质、社会文化素质等。除此之外,这类人才综合能力的素质也比较高。

第二,智能结构好。复合型人才在智能结构上也比较优秀,他们善于整合多种智能,使它们互相配合、合理优化,达到全新的智能运用效果,使各种知识进行有机结合。他们不但拥有广博的知识,而且拥有精深的才能。

第三,思维活跃。复合型人才有着多样的思维,包括非线性型、多维型、发散型等。他们兴趣广泛,多使用不同的思维考虑问题,对事情的本质和规律有着自己独到的看法。

第四,善于抓关键。复合型人才能够在触类旁通中对事物进行比较分析,从而准确找到问题的关键所在,并利用自己的知识网络找到新事物与旧事物间的联系。

第五,社会适应力强。复合型人才在社会的不同活动中可以展现出不同的对待方式,极具灵活性,这可以帮助他们更快速地适应社会,尤其是工商管理、计算机机电等交叉学科人才,表现得更为明显。

2. 复合型人才培养模式的内涵

复合型人才培养模式是我国特有的人才培养模式,它参考了国外优秀的人才培养模式,按照复合型人才的素质、能力和知识结构的特点,根据各个高校自身的情况合理设计,形成了"宽、厚、多、高"的人才培养模式。"宽"指口径宽,即人才的适应能力强、就业机会多、专业知识面广;"厚"指基础厚,即人才的基本技能较扎实、基础知识较宽厚;"多"指方向多,即专业方向面广,同时涉及两个及以上学科领域,能担当不止一种任务;"高"指素质高,即思想道德境界高、科学文化素质水平高,在心理、身体和智力方面均有较高水平。复合型人才培养模式的形成必须以人才培养模式构成的各个要素为基础。其中高校对复合型人才培养模式做出了具体实践,双学位和辅修是其呈现的最终成果。辅修即学生研习本专业的主修课程时,选择修读别的专业课程,只要可以达到辅修培计划的具体要求,研习者便可得到辅修的专业证书。双学位指在不同学科门类中修读不同的专业,并且能够同时达到这两个专业授予学士学位条件的,即可获得双学士学位资格。它们二者的培养目的与知识复合型人才不谋而合,作为主要教育模式对培养复合型人才有着重要作用。

3. 复合型人才培养模式的重要性

复合型人才在当下的时代显得越来越重要,知识付费时代的到来和科技的飞速发展打破了社会原有的平衡,知识和信息成为如今最重要的构成因素,如何快速生产、传播信息成为当今时代的经济密码。同时职业更具有流动性、知识更新周期更短,使得社会对人才的要求更高、需求更多,这时复合型人才就具有不可比拟的优势。

首先,我国传统高等教育思想观念急需变革,复合型人才培养模式是最好的选择模式。中华人民共和国成立后,我国首先采用的是专才教育模式;经过了改革开放的浪潮,通才教育思想从美、日、英等地传入我国,得到一定程度的重视;在 20 世纪 80 年代的中后期,开始出现"通专结合"的想法,复合型人才模式逐步登上历史舞台。在理论的范围里,专才教育和通才教育是一个木板的两端,二者的方向跨度比较广,在人才培养系统和人才思想上都较为封闭,复合型人才将这两种教育融合在一起,借鉴二者中的可取之处,达成了两种思想的相互借鉴和碰撞。复合型人才培养的出现使专才教育与通才教育不再对立,为人才培养模式提供了新鲜血液,带来了教育史上珍贵的变革。站在实践的立场来说,高校的人才培养目标在不断变化,由重知识发展为重能力进而发展为重素质,这个变化轨迹就是教育模式向本质靠近的发展过程。所以,若想对我国高等教育的思想进行改革,需要以素质教育为基础,抓住教育的价值重点即知识、能力、素质齐头并进,着手打造复合型人才培养模式。

其次,面对科学技术的飞速发展,我国高等教育需要使用复合型人才培养模式来增强应对能力。如今信息时代的到来促使学科之间相互交流,学科与学科之间的界限逐渐模糊,这一现象大大增加了对复合型人才的需求。新兴学科崛起,人才更需要有全面的能力和超然的素质,可以从多个维度思考问题,寻找到不同的解决方案,创造出新颖的专业价值,做到从整体到部分地对事物进行考量。总的来说,以后的人才需要掌握多种学科的知识技能,可以跨学科进行科学研究,在工作中做到综合发展,成为复合型人才。所以,改变保守的、僵化的、过时的人才培养模式和观念,以复合型人才培养模式为主要结构,培养出一定的能从事跨专业工作、具有复合型技能和知识的高素质人才,有利于高等教育适应现代科技,同时可以促进社会主义的现代化进程。

(三)应用型人才培养模式

1.应用型人才的内涵

应用型人才并没有一个固定的解释或说法,在不同的领域有不同的定义。

在哲学领域里,学者将人才分成两大类,即应用型人才和学术型人才。应用型人才以具体理论作为指导,以社会需要作为依据,通过实践的方式把学术理论变现,生产出产品构型或者是具体构思,同时将生产出来的新理论和新方法投入到问题解决的过程中,给社会带来直接的经济效益。学术型人才,他们以研究学术理论为主要任务,从事相关的科研工作,许多领域的新理论、新概念就是由学术型人才产出的,他们在社会中也有不可或缺的重要地位。二者相互联系却又不尽相同,这表现在学术型人才负责发现事物间的运行规律并创造新理论,应用型人才在发现的理论基础上进行实践活动,将理论转化为实物。从内容构成角度说,学术型人才的知识较为基础,是各科基础科学的体现,如语言学、化学和物理等;而应用型人才的知识储备则多为实践性的理论知识,偏重于应用科学。从活动目的角度说,学术型人才致力于发现事物之间的联系,找到世界运行的普遍规律,脱离社会实际情况;而应用型人才以服务社会为最终目的,虽使用原理原则,但并不偏重理论探究,而是利用它们为自己的社会实践服务,创造出直接价值。总的来说,学术型人才和应用型人才各不相同,但相互连接,均在自己的领域中发挥着重要的作用。高校大多将人才培养默认为应用型人才培养,这种培养模式不但显得匮乏单一,而且笼统、没有针对性,不能培养学生的个性品格,针对现实问题的合理解决不能起到实际有效的指导效果。

从掌握和运用知识的程度来考虑,人才有四种具体类型,即工程型、学术型、技能型和技术型。工程型的代表是设计师、工程师等,这种人才的主要任务就是将对应的理论知识和技术基础通过自己的实践,创造出图纸和设计方案。学术型的代表是理论研究和科学研究工作者,他们偏重于理论探索和发现,寻找世界运行的普遍规律,为自然和人类发展奠定理论基础。技能型人才担任生产实践的工作,他们拥有熟练的操作水平,可以准确地将图纸、方案和设计生产出来,形成不同的产品。技术型的主要代表是农艺师、技术员等,他们负责把图纸变成现实,从多个方面参与设计的转化活动,包括经营决策、生产现场的管理、产品的开发等任务。在以上四种类型的人才中,工程型人才、技能型人才和技术型人才都在应用型人才的范畴内。

人才分类只是按照某一个标准进行的归纳总结,他们不是完全孤立的,而是存在着相通的部分。技能型人才不仅要具备熟练的操作技能,还需要掌握一定的理论知识。学术型人才不能只追求理论,也需要参加社会实践活动,把握社会现实。

应用型人才的划分是在技能型人才和学术型人才相对比的基础上得来的,在高校对于人才的培养中,应用型人才又可以细分为各种类型的人才。从本质上来说,应用型人才是一个桥梁和支柱,能够将理论和现实相连。这就要求应用型人才更应具备扎实的理论基础,拥有灵活的头脑和整合的能力,创造出系统科学的方法来运用到实践当中去。应用型人才更注重学生的创造力和开发力,以应用为重点任务,培养出高素质的综合性人才。

2.应用型人才培养模式的内涵

应用型人才培养模式在培养过程中强调实践和理论同等重要,把个人能力作为教学评价的取向,它将特定的教育思想和教育理论作为引导,将培养应用型人才当作人才培养目标,将社会的需求作为组织专业和建设学科的考量标准,以应用为主导进行课程体系的构建。应用型人才培养模式具有四个具体的要求,具体如下。

(1)以应用为核心。应用型人才最终的培养目的就是可以进行现实应用,需要以岗位需求和职业要求为参考标准,培养学生的知识技能,这就是技能型人才和学术型人才的不同。在课程的内容设置方面,注重对学生动手实践能力的塑造,评价体系也应与实践相匹配。

(2)以需求为导向。社会中的职业需要和学科需要决定了应用型人才的培养方向,即做到促进社会经济发展、人民生活繁荣稳定,所以人才培养应注重长期性和实用性,以社会的可持续发展作为考虑因素,促进中国持续向好发展。

(3)以能力为取向。应用型人才的最终目的是要为社会服务,这对于人才有着较高的能力要求。所以在课程设置方面教授理论知识的同时,要重视对学生各种能力的塑造,包括动手能力、知识掌握和应用能力、社会适应能力、解决实际问题的能力、自我发展的能力以及交际能力等。在教学评价中应当加入能力评价作为评价的其中一个指标。

(四)跨学科复合型应用人才培养模式

1.跨学科复合型应用人才培养模式的内涵

跨学科即模糊学科之间的边界，将各类学科通过有机的联系组合在一起，为问题解决提供新思路。跨学科复合型应用人才培养是指培养具有两个或者两个以上非相关专业或学科的基础知识，从事本学科或与本学科相近的临近专业和交叉学科的人才，使其参加与社会实践密切相关的工作，合理将现有的理论原理融合到社会服务之中，培育出可以创造出社会价值和财富的可行性人才。而跨学科复合型人才以传统的人才培养为参考，将多个学科的资源整合起来，即高等学校根据社会的需求以及自身的办学条件，为跨学科复合型人才的培养制作出完整的培养制度、培养过程、培养目标的系列组合形式。

2.跨学科复合型应用人才培养模式的特征

(1)跨学科复合型应用人才培养模式更具应用性。在传统的人才教育中，培养出具体领域的专一人才是主要的培养目标，它以学科的内容、结构、发展规律为主要参考部分，对人才的知识培养向纵深处发展。而复合型应用人才与传统人才培养方式完全不同，它着眼于知识的宽度和广度，从教会学生知识转向教会学生学习，强调学生的自主学习性，发现专业的普遍规律和特殊规律。这种新的培养人才模式以一个学科专业为出发点，在它的相关学科之间寻找联系和矛盾，从而勾勒出系统的知识网络，并运用这些知识网络全面解决问题。从世界角度来说，跨学科研究是以多学科为背景，以解决问题为需要的研究。跨学科教育和跨学科研究是跨学科的两大支柱，跨学科教育主要在应用性和专业性角度来培养人才。这从侧面表明了人才培养主要是为了解决现实中遇到的问题，或者为已存在的问题提出一些可行建议，这是培养人才的根本目的。而且，跨学科复合型人才的培养在高校中与在基础教育中的标准也不同，基础教育大多采用综合素质考察学生的德智体美的发展，更多是通识教育的展现；而在高校中，高素质人才具有实际性，是为了切实可行地解决问题而进行的人才培养，注重创新和科学研究，学术性较强，具有一定的可操作性。

(2)跨学科复合型应用人才培养模式更具开放性。由于现实社会需要能解决问题的高质量人才，所以跨学科复合型应用人才培养应在开放的系统进行。要想解决一个问题，必须从与以往解决路径不同的新道路上进行探究，所以在培养复合型人才时,需要根据实际情况对其他学科领域的知识进行删减或补充。需要注意的是,研究一个问题时,切忌从单一角度入手考察事物的特性,最好多方面利用不同学科的知识进行解决。比如,要想解决环境污染问题,既要考虑到相关学科像化学、物理、环境学、法学、生物学等,还要想到远距离的学科,比如,人口学、心理学、伦理学等,只有将它们相互联系,才能得出问题的最优解。这个例子证明复合型人才的培养需要有开放的态度和全面的思考,对不同学科的可取之处兼收并蓄,同时依据事物的发展状况进行恰当调整。

(3)跨学科复合型应用人才培养模式更具互动性。如今高等教育中的学生的基本职能之一就是知识创新和知识传播,知识创新随着研究领域的加深而发展。而跨学科复合型应用人才培养模式可以帮助学生对所学的知识进行创新与传播,从而做到学生职能的实现。这种人才培养模式比较生动活泼,不同于传统的教师讲课学生听课,它的课堂相对来说具有思辨性、互动性和开放性,能够结合多种不同的教学方式来增加它的趣味性。在这个过程中,老师进行研究性教学,学生则进行探究性学习,老师和学生共同成长、共同进步,二者在课堂中更多的是相互尊重、相互理解的平等地位。并且跨学科复合型应用人才培养模式在自由的课堂风格的影响下,课堂的重心不再是教师的教,更多地会移向师生的沟通交流,若这时再采用单一的以教师为主的授课方式,则会将课堂变得死气沉沉并且缺少沟通,不利于学生的思考和学科的创新发展。在现在的想法中,学生已经不单纯是知识的接受者,他们的身份也发生了转变,变成了学科的建构者、发现者,最值得一提的是,他们应当在实践的基础上学习知识。

(4)跨学科复合型应用人才培养模式更具群体性。参与跨学科复合型应用人才培养模式的研究员对于研究的条件不一样,他们具有不同的领域、不同的学科、不同的院系,因此跨学科复合型应用人才培养模式是集体合作的结果。科学具有一个集中、分散、再集中的发展历程。而学科发展在 20 世纪后半期则是有从渗透交叉走向综合的一个整体趋势。这是因为学科有其自身的发展逻辑,并且世界在当下的交汇贯通使得问题往往具有相通性,它需要不同地区、不同专业的知识来共同探讨解决。这些问题的解决必须依赖多学科的思考,使其得到全面剖析。世界上存在许多在多个领域都有重大成果的优秀人物,他们是跨学科学习的标杆,但是并不是人人都可以做到这种地步,这就要求我们在尽自己所能的情况下,打破自己所在的学科边界,超越自我的成就,学会使用集体的思路和方案解决问题,这正是跨学科复合型人才的培养模式。在跨学科培养的过程中,学生和老师并不属于同一个研究领域,他们对某一问题进行自己独特视角的分析,从而提供不同的思维方式,为问题解决提供灵感。使用这种方法,不仅可以对自身所处的学科领域进行创新,又可以在不同学科的交流中摩擦出新的火花,使学科之间不再是简单相加,而产生一加一大于二的效果。

(5)跨学科复合型应用人才培养模式更具综合性。跨学科复合型应用人才培养模式是对整体科学知识的发展的考量,它以学科结构为基础,专注于在现实中的使用方式。科学研究注重概念的拆解,将完整的定义拆分为多个单独的组成因素,然后将这些不同的构成要素重新形成不同的子集,将其作为研究的基本单位,有利于丰富此专业的构成结构和知识内涵。与科学研究不同的是,现代社会的发展要求更多的全能人才,所以高校的教育培育中应当注重培养跨学科复合型应用人才。其中不同学科的交叉与学习是复合型人才培养的基础,以一个领域为定点可以更好地了解这一专业的内涵、背景、发展方向等,将此作为边界来对其进行深入考究会发现它具有别的专业的特点和属性。所以,假如学生对那些与自己的研究领域看起来毫无交集的专业领域有忽视之嫌,就无法完整解析自己学科领域的特殊现象和属性的构成要素。

第二节　我国大学生人才培养模式分析

一、我国高校人才培养模式现状

(一)北京大学"元培计划"

为培养一批在国际上拥有较强竞争能力,能够与 21 世纪新时代发展需要相适应的新人才,北京大学实施了"元培计划"。"元培计划",从名字中我们就可以看出,其是以蔡元培先生的名字命名的"加强基础,淡化专业,因材施教,分流培养"的高校教育改革计划。"元培计划"提出在大学阶段低年级实行通识教育、在高年级实行宽口径专业教育的人才培养模式,这样做的主要目的有二:一是想让通识教育服务于专业教育,学生接受通识教育,相当于上了"预科",打下了坚实的知识基础,从而在接受专业教育时取得更好成效;二是让学生在接受通识教育后,能够更好地从整体上认识人类文明,防止出现狭隘专业化教育的情况,如此,让通识教育并非成为专业教育的依附,而是真正独立出来,实现二者分段而至。"元培计划"管理委员会成立于 2001 年 9 月,其功能主要有如下两方面:其一,对全北京大学校园范围内的大学教学改革进行推进;其二,通过实践,探索"元培计划"实验班如何更好开办。2007 年,北京大学正式建立了北京大学元培学院。

"元培计划"有着灵活的人才培养模式,将更自由、更广阔的发展空间带给学生。其一,对于低年级学生而言,不对其进行专业划分,主要让他们接受通识教育;其二,在设置专业、设置课程的过程中,主要对课程之间的交叉、学科之间的关联进行注重,学生的选课不一定局限于本学科内,也可以按照自己的兴趣爱好对其他学科的课程进行选择,甚至可以选择其他学院开设的课程。在开展"元培计划"的过程中,北京大学还从师资力量上给予支持,配置优秀教师。"元培计划"中,学生处于主体地位,如学生可以从自身情况出发,对自己毕业时间进行选择,既可以选择推迟毕业,也可以选择提前毕业,十分自由。再如,从学习方式上看,学生主要采用的是自主学习方式。学校并未要求同年级学生必须在一起住宿,而是让不同年级学生混住进行鼓励,希望学生之间能够增强交流与沟通。从 2001 年起,一直到 2011 年,共有 11 届学生,1809 人就读于元培学院。元培学院中设立导师委员会、教学委员会,其中有 50 名包含专职导师在内的各学科导师,8 名课外导师;元培学院还设有学生工作办公室、导师工作办公室、行政办公室和教学办公室。教育部在 2009 年将元培学院纳入首批"国家创新人才培养之改革计划实验区",元培学院也得到了国家级优秀教学成果一等奖、北京市优秀教学成果特等奖等荣誉。

(二)清华大学"清华学堂人才培养计划"

随着科技与经济发展速度的加快,社会提高了对人才的要求,在深刻认识到上述情况后,清华大学提出"清华学堂人才培养计划"(以下简称"学堂计划")。

清华大学在进行全方位调研之后,对一些有着较高水平的专业进行增设,并在全国范围内"广纳贤才",对优秀的高中毕业生进行招收,并在多方面对其进行支持,如配置优秀的师资队伍、提供丰富的教育资源等。清华学堂对培养方式的创新与改革予以重视,旨在将学生培养为具有较强学术能力与扎实科研能力的杰出人才,使其成为各学科领域的领军人物,积极参与国际合作。

清华大学内,最具代表性的建筑就是清华学堂,而其正是"学堂计划"的教学地点。清华大学还专门对具有国际视野的专家学者进行聘请,使其负责教学、管理学生以及制订学生培养方案。清华学堂学术氛围、科研氛围都十分浓厚,定期开展高水平学术讲座,采用项目形式对课程进行开展,同时坚持因材施教,通过小组讨论,对学生的科研能力进行培养。清华学堂还与国际知名大学合作,定期在高校之间对学生进行交换培养,从而使学生的国际视野更加开阔。

2011 年 4 月 11 日,清华学堂外隆重举行了"学堂计划"的全面启动仪式。在启动仪式上的致辞中,清华大学校长顾秉林对"优势转化理念"以及"领跑者理念"进行阐述,它们是"学堂计划"中的两个核心理念。所谓优势转化理念,就是积极、主动地将多方面办学优势(如优良的传统、优质的生源、国际交流、一流的师资、前沿性科研、综合性学科等)优先进行转化,使其成为人才培养质量的优势;而所谓领跑者理念,就是让优秀学生成为"领跑者",最大限度地发挥其示范、引领作用,从而对各院系、各学科培养拔尖创新人才进行带动,最终从整体上提升清华大学的人才培养质量。

新雅书院是 2014 年清华大学为探索高校教育改革创新而特设的住宿制文理学院,在入学时,学院先不对大一新生进行专业划分,而是先对其开展小班通识教育(主要涉及社会科学、数理、人文等),等学生经过一年时间学习后,再自由地对清华大学中除临床医学等个别专业外的各专业方向进行选择,当然,学生也可以选择交叉学科发展。在教育改革之路上,毫不夸张地说,新雅学院是走在前列的,它顺应部分文理的潮流,让学生先去探索、培养自己的兴趣,再来选择未来要走的方向。

总的来看,尽管当前我国在培养跨学科人才方面积累了一些经验,也取得了部分成就。不过,我们仍然要意识到其中存在的问题,特别是我国跨学科人才培养受到教育体制的制约以及缺乏相关经验,仍旧存在很多亟待解决的难题,如缺乏投入的经费、缺乏足够稳定的教师队伍、缺乏多元化的人才培养模式、专业跨度没有理想跨度等,这些都对提高我国跨学科人才培养的质量造成了制约。

二、我国高校人才培养模式存在的问题

从 20 世纪 80 年代至今,尽管我国在调整教育政策、改革教育制度方面有着一定进展,然而就创新人才培养方式、提升教育价值、教育品质等方面来看,仍然有很多问题亟待解决。

(一)培养目标与社会需求脱节

现如今,无论是我国的就业结构,还是我国的产业结构,都正处于发生重大

变化的过程之中,因此也对人才产生了多样化需求。然而,和培养目标的调整相比,我国高等教育的课程体系、教学内容、专业结构存在严重滞后的问题,所以很多学生在从高校毕业之后,无法适应社会发展的需要。在社会需求和高校人才培养之间,始终存在着掉链问题、脱节问题,而这一问题的产生,原因之一就是很多高校缺乏招生、培养、就业一体化观念。自从高校开始扩招,部分学校无论是课程设置,还是培养目标,抑或是毕业生期望值上,都脱节于现实社会。有很多用人单位提出,现如今,大学没能进行合理的课程设置。对于大学生就业而言,不合理的课程设置是一大重要影响因素。

高校人才培养目标脱节于社会需要,表现为如下四方面:首先,在培养大学生方面,缺乏明确、清晰的目标;其次,面对市场需求的变化,高校缺乏较快的反应速度、较强的反应能力;再次,相对于市场需求来说,无论从发展水平还是发展速度上来看,大学师资队伍的发展都较为落后;最后,部分高校中,缺乏高素质、职业化、专业化的就业机构服务人员,这些服务人员能力不强,无法胜任职业指导、职业生涯规划等工作。除此之外,存在一个非常现实的问题,那就是学校各方未能凝聚在一起、形成合力对就业予以促进。尽管高等院校内有着健全的机构,各部门也有着分工明确的职责,可是这也导致了只有学校就业部门负责大学生就业工作,其余部门则没有行动、无所作为,这种"单打独斗"的情况,对大学生就业空间形成了束缚,没能帮助其向外拓展,自然也会对大学生就业造成影响。

现如今,我国高等教育已经不再是过去的"精英教育",而是向着大众教育转变。对于高等教育来说,其目标也不再是以对高级人才的培养为主,而是向着对高级、中级、初级人才以及技能型人才的培养转变,对各级各类高素质的劳动者进行培育。所以,高等学院要对自身的定位重新进行考虑,要将重心进一步降低,更多地着眼于基层,着眼于乡镇、农村,着眼于生产第一线,将各行各业的建设者培育出来。但是我们不得不意识到,现实中,很多大学将研究型高校当作自己的定位,认为自己是要对学术型人才及精英进行培养的大学。就目前来说,将教育培养与人才需求相适应的有效机制建立起来是一项亟待解决的问题。

(二)专业与课程设置不合理

通识教育对培养"全人"予以重视,所涉及的内容包括人的思维方式和"如何做人";专业教育直面有着高度分工的现实社会,这种选择是不得已却必须进行的。我国往往会在大学阶段对专业教育进行强调,而国外则有所不同,其往往在研究生阶段对学生进行专业教育。因此，我国和外国的人才培养模式属于两种不同的体系，前者对培养学术型人才予以重视，后者对培养应用型人才予以重视。对于传统大学而言，对人才的培养往往按学科进行，对知识的创新与精神进行强调。由于我国社会工业化程度持续提升，因此社会也越来越迫切地需求着应用型人才。对于任何高等院校而言，都要对课程体系进行合理的、严密的设计，从而提高学生的思维能力、知识水平，提升他们的专业技能，使其能够在经过严谨的学习后，拥有真才实学，能够适应社会、改造社会。然而，现如今，高等院校在课程设置、专业设置方面，受到很大非议，用人单位、教师、学生等都对此表示出很大的不满。

具体来看，在专业设置、课程设置、学时设置等方面，高等院校都存在很多欠缺，表现出很多问题。例如，在设置课程时存在着很严重的重复现象，在专业课的划分上过于细致，在所有课程中，专业必修课占据了太高的课时比例，选修课课时较为不足等。上述问题将对学生综合素质的培养产生不利影响，也将阻碍学生形成自主学习的习惯。部分高校在改革课程设置时也存在问题，其改革是盲目的，不过是简单地对课程门数或者每门课程的课时数进行增加，而没能从实质上对课程设置做出改变，没能对课程设置与市场需求之间存在的关系进行重视，不仅没能实现改革目的，反而增加了课程之间重复交叉内容，使得学生内心对课程产生厌烦情绪，原本对学习的兴趣也被消耗殆尽。此外，各门课程之间一味地强调自身的完整性、系统性，忽视了学科与学科之间的融合与交叉，这些都会导致学生缺乏人文素养，出现就业口径过窄等问题。

上述种种不足将大学生就业难的深层次问题反映了出来。在就业市场，人才供需的结构性矛盾，正是高校毕业生面临的主要问题，也就是同时存在"过剩"与"短缺"。尽管每年都有大批大批的毕业生"毕业即失业"，无法踏入工作岗位，可也有很多企业存在"职位空缺"，怎么也找不到自己所需求的人才。从中不难看出，和企业对人才的需求相比，高校培养出的学生尚存在着较大差距。这正反映出，在课程内容安排、专业设置、培养目标等方面，高校存在严重脱节于社会的问题。在就业率方面，尤其是综合性大学毕业生存在连年下滑的问题，人文社会科学类毕业生在人才市场上处于"滞销"状态，这也使得高校在培养人才服务社会中的重要作用遭受质疑。

现如今，经济社会不断发展，科学技术日新月异，社会也正在迅速进行转型,在上述大环境、大背景下,高等教育所面临的挑战是巨大的,更是前所未有的。高校应当以社会需求为导向,对自身的专业设置进行全面调整,对学科内容予以完善,对教育教学模式进行持续改进,将科学的评价体系以及教育培养目标建立起来,从而充分体现高等教育培养人才服务社会的功能。当前,一些高等职业技术院校在培育人才时采取订单式培养模式,同时在设置专业、建设课程内容时邀请用人单位共同进行,这些举措都是创造性的,其他类型的大学应当对此进行借鉴与学习。

当然,我们也知道,相较于职业技术学校,综合性大学有着不同的分工,在培养人才时,应当对学生的全面发展予以注重,既培养能力,又培育素质,实现并重并举。综合性大学的基本职责是培育出与社会需求相符合的高素质人才,所以,在学科发展上,综合性大学必须坚持"理工渗透、文理结合",不仅要对学生的全面发展予以重视,对学生的综合素质予以提升,也要发挥综合性大学本身的优势特点,对学生专业技能加以培养,让学生在提升素质的同时发展能力,保证二者能够相得益彰。

近年来,部分综合性大学进行了如下探索,即在大一及大二时不对学生进行专业或学科方面的划分,对文理工的界限进行淡化,这些探索在学生综合素质提升方面是大有裨益的。

除此之外,对于高等教育阶段来说,大学只是一个开始,并且很多大学生在毕业后选择的职业和其大学四年所学专业并没有多么紧密的关联。从这方面来看,学生应对"厚基础、宽口径"的专业进行选择,从而更好地适应社会发展的需要。高校应当意识到,对学生综合素质与能力的培养,重要程度远甚于专业知识的传授。

现如今,社会不断向前迈步,科技发展也日新月异,在教学改革与实践方面,在对学生实践能力、创新精神的培养方面,一些国外的一流高校取得了一定的成功经验,我们可以对其进行借鉴。

其一,从课程设置方面看,其呈现出综合化趋势,也呈现出跨学科发展趋势。国外研究型大学不仅对重大项目联合攻关以及对跨学科合作研究予以高度重视,还对综合性专业以及相关课程的设置非常注重,使学生创新思维得到提升、综合能力不断增强。

其二,在对课程进行设置时,对创造力与开拓精神的培养进行优先考虑。

就算一门课程的讲授者是教授,也不会在传授知识方面过于强调,而是会在帮助学生学会学习、懂得研究方面下大功夫。

其三,对实践环节予以高度重视。例如,美国的麻省理工学院实施了研究导向计划、实践导向计划与技术创业计划三项计划。第一项为研究导向计划,即教授对学生进行指导,使其开展部分研究实验,这项计划能够将 70%~80% 的大学生囊括其中;第二项为实践导向计划,学校联合企业对学生进行组织,使其在某项设计、工程中参与实践,这项计划大约有 30% 的大学生参与;第三项为技术创业计划,这项计划参与者为少数优秀学生,在参与计划过程中,学生大胆进行探索与创新,学校甚至允许学生创办公司。四年累积下来,上述课外实践的总学时约为全部课时的 1/3。

(三)重科学轻人文,重继承轻创新

人文素质教育和科学素质教育之间的关系是辩证的,从知识层面来看,人文知识与科学知识彼此互补;从精神层面来看,人文精神则与科学精神相辅相成;从行为层面来看,人文行为则与科学行为彼此促进。人文知识与科学知识的共同积累、融会贯通,是提高大学生综合素质的基础。人文精神与科学精神的共同彰显与相生相长,是培育大学生内在精神的基础。人文行为与科学行为的综合平衡与彼此互促,是塑造大学生规范行为的基础。

无论是中国人类教育发展史,还是西方人类教育发展史,人文教育都是最先受到重视的。不过,步入 19 世纪中叶后,科学技术得到进一步发展,工业化也向前推进,在实用主义、科学主义的引导下,职业技术教育与专业教育渐渐盖过了传统的人文教育。迅猛发展的科学技术可谓威力巨大,其对人类社会的发展、进步起到了推动作用,也使得人们更加推崇科学教育价值。尽管人文教育曾经颇为辉煌,此时也只能被人们冷落,备受贬低与压抑。

不过,到了 20 世纪中叶,世界各国都开始对人文素质教育的强化予以重视,在人才培养方面力争实现全面发展。因此,在 21 世纪,最全面发展的人将是最成功的劳动者。

受到传统教育模式影响,通常来讲,我国人文知识是分离于科学知识的,这也导致如下问题的产生:文科大学生普遍对人文知识予以注重,而忽视了理工知识,理工科大学生普遍对理工知识予以注重,而忽视了人文知识。现如今,我国大学教育中存在一系列问题:轻素质、重功利,轻基础、重专业,轻个性、重共

性,轻人文、重理工。尽管用人单位对员工的人品非常看重,然而对于部分学校、教师乃至大学生自身而言,他们都对这点不够重视。"一所大学应该有它的主旋律。"这是华中理工大学前校长杨叔子提出的命题。那么,大学的主旋律应该是什么呢? 对于高等院校而言,育人,也就是对学生进行培养,毫无疑问是其主旋律。无论是发展技术产业、开展科研活动、进行教学实践,还是包括学校后勤工作在内,都是以对学生进行培养为首要问题。那么,育人这一大学主旋律有着怎样的特色呢? 其实就是对中国大学生进行培养,使其服务于国家与社会。因此,我国高等院校不能只注重对学生现代科学技术的培育,如果学生对现代科学技术有着很好的掌握,然而却并不了解自己的国家与民族以及优秀文化遗产,必然不会对国家与民族有多么深厚的感情,就不会投身于为国家与民族的服务与奉献之中。

在这里,有一点是我们应当强调的,那就是由于自主创新的缺乏,大学生以及大学教师都没能对"创新"维度有着较高的认可。尽管我国属于制造大国,但是没能拥有足够多的自主知识产权技术,对国外技术始终有着较高的依存度。然而当我们把目光投向发达国家,它们则有着相当低的对外技术依存度。西方国家对高技术领域进行划分,将其主要分为以下几方面,包括软科学技术、信息科学技术、环境科学技术、能源科学技术、材料科学技术、生命科学技术、海洋科学技术、空间科学技术。在国家综合国力的竞争中,上述科学技术都将成为"利器"。如果我们仅对先进科技成果进行引进或购买,依赖于此是绝对不可行的,而可行之路只有一条,那就是自己进行科技创新,依赖于我国自身的科技创新。而归根结底,想要真正实现科技创新,最为重要的就是人才,是大批具有高素质及创新能力的人才。高校是科学技术人才的重要生产基地,因此,其除了要对传承理论知识予以注重,还要对学生进行引导,使其不断追求科技领域的研究与创新。然而从目前来看,在校大学生中只有很少一部分能拥有参与教师科研项目的机会,也只有很少一部分能接受到教师指导,参与科学研究。

第三节　国外大学生人才培养模式分析

现代社会发展十分迅速,新科技革命不断向前推进,大学,特别是一流大学,通过对高级专门人才进行培养,在对各国社会发展进步的推进方面,扮演的角色日益重要。在培养创新拔尖人才方面,相较于国外一流大学,我国存在的差距较大。国外一流大学的人才培养模式呈现出个性化、特色化的特点,我们应当对其进行认真研究分析并加以借鉴。

一、国外高校人才培养模式分析

(一)哈佛大学人才培养模式

提到世界一流大学,很多人脑海中第一时间跳出来的名字就是哈佛大学。哈佛大学有着卓越的研究水平以及崇高的学术声誉,针对人才培养方面,其同样取得了突出成就。对于我国大学来说,对哈佛大学人才培养模式的特点进行探析,对其成功经验进行借鉴,在人才培养模式创新、人才培养质量提升方面都有着不容忽视的作用价值。

1.哈佛大学教育发展

哈佛大学建立于 1636 年,迄今为止,已有数百年历史。尽管哈佛在最初只是一所乡间学校,学生数量也寥寥无几,然而如今已成为世界一流学府,常年为世界大学之冠。哈佛大学有着辉煌的发展历史,通过对这段历史进行全方位、深层次的审视,我们可以看到,在办学方面,哈佛大学采用的一系列重大举措,都具有里程碑意义,起到风向标作用,是名副其实的"一流大学领跑者"。

哈佛大学的大学教育发展主要经历了四个阶段,分别为初创期、探索期、跃进期以及深化期。

1636—1780 年,初创期,称哈佛学院。在初创期,哈佛学院主要采取了两项创新举措。一是在建校之初,哈佛学院就打破了英国的一项传统——只有大学才能对学位进行授予,1650 年,牛津大学与剑桥大学首次承认了哈佛学院向学生颁发的学位证书;二是为更好地适应时代发展、产业革命所提出的要求,对自然科学课程予以增设。1780 年,哈佛学院先后开设数学、医学等课程,由此,哈佛学院也得到了升格,正式成为哈佛大学。

1781—1868 年,探索期。在探索期,哈佛大学进行了一项重要改革,那就是对德国的大学模式进行借鉴,探索革新自身的教学方法、教学制度以及课程设置。例如,打破固定课程,推行选修制;对研讨式教学方法进行倡导;给予学生自主权,使其能够从自身兴趣、能力出发,对学习进程进行安排等等。通过实行上述改革措施,哈佛大学踏上转型为现代大学之路,并迈出第一步。

1869—1982 年,跃进期。在跃进期,哈佛大学对一系列教学体制体系进行创建与推行,包括住宿制、导师制、全面选秀制等,同时对核心课程体系及通识教育方案予以制订。哈佛大学对古典教育的传统进行突破,形成专业教育结合于普通教育的崭新课程体系。哈佛大学在几任校长的不懈努力之下成长十分迅速,很快跻身世界一流大学之列。

1983年至今,深化期。哈佛大学近些年对全面综合的教育改革再次予以启动。例如,哈佛大学提出,对选择确定专业的时间进行推迟,让学生在第三学期末再选定专业;再如,哈佛大学对第二专业领域进行增设,围绕师生交流以及探究性学习的强化,构建出新课程体系,在建设综合交叉学科课程方面予以强化;又如,哈佛大学对住宿导师制度进行完善,同时对全球化学习体验项目着力进行扩充;等等。

哈佛大学肩负着大学生教育工作的专门学院为哈佛学院,其属于文理学院。对于哈佛大学来说,尽管商学院、法学院等学院都广为人知、声名在外,然而实际上,其核心是哈佛学院。在美国,诺贝尔奖获得者来自哈佛大学的数量最多,同时,很多世界级学术大师、文学家、思想家都是从哈佛大学走出的,如杰罗姆·布鲁纳、亨利·梭罗、拉尔夫·艾默生等。我国近代也有很多著名学者、作家、科学家在哈佛大学求学,如林语堂、陈寅恪、赵元任、竺可桢、胡刚复等。除此之外,多位美国总统、美国国会议员及政府部长、公司财团总裁等也都毕业于哈佛大学。

2.哈佛大学人才培养模式特点

(1)适应时代要求的人才培养理念。人才培养理念就是培养主体对人才培养各方面的理性认识,包括活动原则、职能任务、目标价值以及本质特征等,还有对人才培养的理想追求及其所形成的各种具体的教育观念。哈佛大学的办学历史悠久,近400年,在漫长的办学过程中,哈佛大学并非有着一成不变的人才培养理念,而是始终充满危机意识,拥有强烈的社会使命感,能够针对时代发展进行前瞻性判断以及批判性思考,并以此为基础与依据,对自身人才培养理念进行持续更新、调整。

(2)促进个性发展的专业设置模式。哈佛大学专业设置模式包括多方面内容,如设置方向、设置口径、设置空间、设置时间等。其专业设置模式有着十分突出的特色,那就是能够对学生进行引导,使其理性选择专业并对新专业进行"创造",从而保证能够因人而异地设置专业,对所有学生的特长与兴趣都予以照顾。

（3）注重因材施教的教学制度体系。对于哈佛大学的教学制度体系来说，其最具特色的当属实习制、国际访学交流制以及导师制。

首先，导师制。哈佛大学通过借鉴牛津大学的导师制并对之进行创新，建立了自身的导师制。导师制中蕴含着对学院式生活方式进行倡导的理念。哈佛大学为确保因材施教这一理念的落实，不仅着力对导师队伍进行扩充，还从大学生在求学不同阶段可能遇到的问题出发，有针对性地对其进行指导。

在哈佛大学，导师制创造的教育氛围是全方位、全时空的，能够保证关注、了解所有学生的需求。所以，哈佛大学通过实行导师制，一方面，使导师们树立这样的信念——将有抱负的学者更好地培养出来；另一方面，在学习态度方面，学生们也发生着巨大转变，学习成绩得到极大提升。

其次，国际访学交流制。哈佛大学对全球化、国际化的研究学习非常注重，想要将世界性教育提供给学生。通过实行国际访学交流制度，哈佛大学对每位大学生提出要求，需要其具有至少一次的国外学习、工作经历。为此，哈佛大学专门设立了国际项目办公室，调整专业课程，减少一门核心课程必修课，增加国外一学年学习学分，从而方便学生出国进行工作与学习。

最后，实习制。哈佛大学将理论学习结合于实践能力培养。例如，哈佛大学的教育学专业合作于波士顿公共学校，对教师专业发展学习进行创建，将实训基地提供给学生。同时，哈佛大学建立了顾问团，顾问团成员包括2—4名实习于同一学校的高年级学员、1名有着新近教学实践经验且具有优秀表现的博士生或1名近期退休的中学教师，从而有针对性地对学生进行实习指导，让学生更顺利地参与实习，取得良好成效。

（4）强调博专并重的课程设置方式。通过持之以恒地对课程进行改革，当前，从整体上看，哈佛大学的课程结构为"核心课程＋专业课程＋选修课程"。从课程设置方式上，哈佛大学着力于实现专业培养与博雅教育之间的动态平衡。

在哈佛大学的课程设置中，核心课程可谓独具特色，美国高等教育界对其大加赞誉，认为核心课程是课程改革过程中的里程碑。核心课程的设置目的主要是将不可或缺领域的知识展示给学生，使学生了解人类对知识进行探索时所需要的不同分析手段，以及这些分析手段所具备的价值和不同的使用方式。核心课程共包含7个学科领域,分别为定量推理、社会分析、道德推理、科学、文学与艺术、历史研究以及外国文学。每个领域每年最多开设10门核心课程。哈佛大学中有专门的课程委员会负责更新、评审、监管这些核心课程,从而确保其具有更好的质量。从本质上对核心课程进行观察,我们可以看到,其旨在教授学生人类对知识分析、组织、运用的手段与方式,而不是注重向学生进行特定知识传授,也就是我国古语中说的"授人以渔"。

哈佛大学所采用的全新课程体系,不仅对学生专业方面的学习予以注重,更对其全面发展进行侧重,从而引导学生养成终生学习习惯,在面对不可预测、瞬息万变的未来时,掌握着充足的应变能力,能够从容、淡定地应对。

(5)构建独具特色的隐性课程形式。学习者的尊严感、价值感很大程度上是由隐性课程决定的。同时,在认知方面,隐性课程具有导向功能;在兴趣方面,隐性课程具有激发功能;在情感方面,隐性课程具有陶冶功能;在意志方面,隐性课程具有磨炼功能;在行为方面,隐性课程具有规范功能。哈佛大学的宿舍文化以及住宿制度就是其隐性课程形式,且极具特色。

(二)剑桥大学人才培养模式

提到"自然科学的摇篮",我们就会马上想到剑桥大学。有近百名诺贝尔奖获得者受到剑桥大学的吸引,来此学习或执教。霍金、达尔文、牛顿等,都来自剑桥大学。

1.注重培养综合素质的人才培养理念

自始至终,剑桥大学都对塑造人格以及人的理性训练予以重视。从教育目的上看,剑桥大学在一定程度上相似于牛津大学,对英国传统高等教育的价值取向进行体现。剑桥大学对学生的个性发展以及理性思维培养方面给予了更多关注,对学生进行鼓励与引导,助推他们进行独立自主的思考,对知识进行主动探索与研究,同时,剑桥大学强调知识本身的价值以及自由教育的价值。

剑桥大学的目标是促进学生在学术成绩、品格、爱好、专长和思维能力上的发展,希望全面了解学生并促进他们全面发展。从中我们可以看到,剑桥大学的人才培养理念中,囊括着对学生个性发展的促进。剑桥大学不仅尊重、关注学生个性的独特性,也将不同寻常的意义赋予个性的和谐性、创造性、主体性。剑桥大学的学生受到剑桥大学人才培养理念的影响与熏陶,不仅有极高的综合素质,也有出众的学术能力,创新能力更是格外突出。

2.构建自由开放的课程设置方式

剑桥大学采用开放灵活的课程设置方式,其组合丰富的课程模块,旨在对学生提供帮助,使其将完整的知识体系构建起来,又将多样化的选择提供给学生,对其个性化的学习需求予以满足。剑桥大学从课程结构上对大学生课程进行划分,使之分为荣誉学位考试、部分和模块三个层次。具体来说,所有的荣誉学位考试中都有两部分,分别为第一部分与第二部分,而所有部分中都有若干模块,模块中囊括了各种学术活动,如研讨、讲座、课堂教学等。从中我们也可以看出,课程模块并不受到讲授性课程或者纯理论性课程的局限。如果学生想拥有某专业的荣誉学位,就需要在第一部分、第二部分中分别对课程模块进行选择,所选模块数量为2~10个。在课程结构上使用上述模块化的课程组合方式,能够让课程受到的学科专业的单向限制得到淡化。组合相关知识领域、相关知识点乃至相关学科,使其成为课程模块,能够让学生的学术视野更为开阔,使其拥有跨学科的知识结构。

从课程内容上来看,和牛津大学的综合性课群相比,剑桥大学的课程模块的设计也存在相似之处。剑桥大学的课程模块不是简单地拼凑各种课程,而是对学科发展趋势进行充分考虑。相关教师会参与到各个模块的设计中去,同时会对学习参考资料予以提供,对考试试卷进行设计。在剑桥大学,学生们上课时不会领到固定教材,得到的是一张很长的书单,上面包括核心参考、重要参考、延伸阅读三部分资料。通常来讲,会有3~5本书属于核心参考,而延伸阅读的书目则可能有几十本之多。当然,除了书单之外,授课教师会对相关书目予以罗列。剑桥大学采用的开放式模块设计,能够让学生在求学过程中拥有更多选择,继而在最大程度上获得发展空间。

3.重视因材施教的教学制度体系

就"导帅制"而言,剑桥大学和牛津大学渊源颇深。在导师制的制度、具体操作以及理念上,剑桥大学和牛津大学有着很多共同点。

在剑桥大学的教学制度体系中,导师制处于核心地位,剑桥大学以导师制为依托,对学生实施因材施教。

当学生初入剑桥大学求学时,剑桥大学会为他们安排导师,这也是开启大学教育的第一项重点工作。当导师接触、认识过学生后,会对学生的志向理想、兴趣意愿、学习基础进行深入了解,并以此为基础对学生进行指导,帮助其对学习计划进行拟定。之后,学生在剑桥的求学过程中,也会时刻和导师保持制度化交流,如每周学生都需要和导师见面至少 1 次,每次时间不能太短,应当为 1~2 小时。导师需要对学生进行全方位指导。例如,和学生一起对大学期间个性化学习计划进行商定;再如,和学生一起针对某一门课的具体学习计划进行制订;等等。导师会从学生具体学习课程情况出发,辅导学生,将有关参考资料、参考书目带给学生,同时提出论文主题,以供学生进行深入研讨。学生也有自己的任务,其需要按时完成相关书目的阅读,对资料进行收集,根据导师要求将论文撰写完成,并以此为基础深入地与导师进行沟通交流。通过上述日常指导以及对论文的研究与探讨,学生和导师之间能够针对学术思想进行深入交流,从而对学生批判质疑精神进行培养,对其学术创新能力予以提升。当学生结束第一学年学习,开始进入第二学年学习后,会与导师有着更高的交流频率。导师对学生的指导具有个性化特点,富有针对性,故而能对集体班级授课的不足之处予以弥补。导师能够对每一名学生进行关注、了解,给予他们有针对性的、行之有效的建议与指导,更好地实现学生差异化、个性化发展。

4. 采用探究交流的教学组织形式

在教学组织形式上,剑桥大学可谓不拘一格。在剑桥大学的课程模块中,囊括了多元化的课程类型,不同的课程类型也有不同的教学组织形式,如研讨会形式、讲座研讨形式以及课堂教学形式等。例如,讲座研讨形式。如果我们对剑桥大学的讲座进行观察,我们可以看到两个突出特点:第一,剑桥大学的讲座对前沿性、专题性、研究性予以注重。前文中我们已经提到,在剑桥大学的课程中,是没有固定课本以及教科书的,因而讲座也不会对概论性的课程或者导论进行讲解,主要针对的是教师近期发表的论文或者是其在研项目。主讲教师会在讲座开始前将辅助材料分发给学生,材料中的内容主要是接下来的讲座中会提及的例证或者材料。所以,剑桥大学的讲座旨在对研究问题进行提出,对学生视野进行开阔,对研究方法进行引介,对学生思维进行启迪。第二,剑桥大学的讲座对多样性进行强调。不管是新的还是旧的研究题材,不管是宽的还是窄的研究范围,只要教师有新观点、新发现或者对新方法进行运用,就都能在剑桥大学举办讲座。剑桥大学兼容并蓄,对各种讲座的举办予以鼓励,在校内形成了鼓励创新、思想自由的学术氛围。除此之外,剑桥大学的研讨课或者讲座还对辩论、讨论进行鼓励与提倡,当教师讲完自己的内容后,会留出辩论或自由讨论的时间,此时,听众会纷纷提出问题,这些问题可能十分尖锐、刁钻,时常使宣讲人回答不出、哑口无言,不过整个研讨的气氛仍然是友好、严肃的。

5. 培育和谐发展的隐性课程形式

剑桥大学有许多隐性课程。其隐性课程形式包括优美的学习环境和生活环境、创新的学术氛围、严谨的学风等。而在其中起到至关重要、举足轻重作用的,当属"导师制"和"住宿学院制度"。一方面,就学生学术成长方面来看,导师制起到了非常关键的作用;另一方面,导师制深刻影响着学生的非智力因素,如理想志向、人格修养、科学精神等,助推着学生个性的和谐发展。除此之外,在对学生和谐发展的引导方面,"住宿学院制度"也是名声在外,更对其他一流大学产生影响。例如,前文中所提到的哈佛大学,实际上其住宿制度就是借鉴的剑桥大学的住宿学院制度。剑桥大学建立住宿学院制度,旨在营造全方位教育氛围,从而对学生和谐发展予以引导。住宿学院制度将新的性质、新的职能赋予学生宿舍,使学生宿舍承担一项重要职能,即对学生发展予以促进。因此,在剑桥大学,住宿学院不仅是供学生住宿使用,其更像是一个小型社区,学生可以在其中开展娱乐活动,也可以进行研讨交流、自主学习。住宿学院中不仅住有学生,还住有教师,且他们都是来自不同专业、有着不同背景的。同时,住宿学院增设了专门的学习导师、生活导师。导师们对学生进行引导与组织,使其开展各种各样的活动,如举办音乐会、开展辩论赛、组织研讨会、举办体育比赛等。学生与学生之间、学生与导师之间密切的交流与沟通,创设出了温馨的学术环境、生活环境,对学生发展个性、提高综合素质是大有裨益的。

6. 注重能力考查和考试反馈的教学评价方式

剑桥大学非常重视考查学生的综合能力,在考试后,学校会对学生答题情况以及考试试题进行仔细分析,从而凭借考试反馈、分析,对教学评价方式进行改进,对评价在教学上的反馈、矫正功能进行激活。

剑桥大学在对学生进行评价时,更多的是以学生掌握的知识基础、对知识进行运用的能力为依据,因此在考察时也侧重于这两方面。例如,2009 年剑桥大学的英语系考试,考题中有一个重要模块,模块中给出了 20 道开放式问题,学生可以从中选择 3 道题进行回答。这样设计考题,能够将较为宽松的空间提供给学生,让学生能够更好地进行发挥,主要是对学生的批判能力、分析能力、学习能力进行考察。

二、国外高校人才培养模式对我国的启示

国外高校有着各具特色的人才培养模式。但究其本质，它们都有一定的共性和倾向，可以归纳出一些具有规律性的特征，这也正是我国高校改革需要吸收的精华和经验。通过总结国外一流大学人才培养模式的主要特点，可为我国进一步完善一流大学人才培养模式提供借鉴。

(一)重视更新人才培养理念

纵观国外一流大学的人才培养理念，其发展过程伴随着时代的发展步伐持续更新、调整。从社会经济发展所需角度出发，美国的一流大学不断调整自身关于培养人才方面的理念。在殖民地时期以及建国初期，其不具备高发展水平的生产力，也不具备发达科技，有着比较粗犷的社会分工，所以没能明确地对专业技能、专业知识提出要求，大学教育对传统的自由教育予以遵循，对"通才"培养以及"绅士培养"进行强调。而步入 19 世纪后期以后，由于科学技术不断快速发展以及工业革命的深化，社会中出现了越来越专业化的分工，美国一流大学也开始对具有专业知识、专业技能的实用型人才的培养予以重视。然而这却导致"过于专业化"倾向的产生，让很多教育家以及大学校长深深反思。到了 20 世纪中期，美国一流大学将自由教育理念结合于专业教育，力求对有教养的、全面发展的人进行培养。步入 20 世纪 80 年代后，知识经济的端倪初步展露，在社会经济发展中，科技的创新以及知识的增长发挥着越来越重要的、不容忽视的作用。置身于知识经济时代，一流大学也被推促着对创新型人才进行培育。美国一流大学在自身人才培养理念中映射入创造力，有机结合创造力的培养、自由教育与专业教育。当然，不只是国外大学在不断调整、更新自身在培养人才方面的理念后，都将对学生创造力的培养作为主要内容。立足国际比较层面，不难发现，如今国外一流大学改革个性化人才培养模式的主要理念，都是以对学生创造力的培养为主，可以说是不约而同。

(二)积极改进专业设置模式

对于专业设置模式而言，国外一流大学对学生个性差异的适应更为重视，设计并改革了多方面内容，如设置空间、时间、方向、口径等，从而灵活设置专业。国外一流大学对专业口径、方向的拓宽更为重视。从专业设置的时间以及空间上来看，当学生入学之后，国外一流大学通常不会急于对其进行专业教育，

而是会先开展通识教育,让学生对课程进行广泛选修。学生在学习长达一年半甚至两年的时间后,能够充分地了解、理性地认知自己希望就读的专业以及自己的兴趣方向与领域,这样才能对专业进行确定。假如学生对专业进行选择后,发觉该专业并不适合自己,也不必硬着头皮就读,而是有充足的自由对专业进行重新选择。除此之外,由于有的学生认为自己的兴趣无法被自己所学的专业满足,很多大学还为这类学生提供机会,使他们能够对专业进行自主设计,从而对学生个性化的学习需求进行充分的尊重与满足。

(三)不断优化课程设置方式

在课程设置方式上,国外一流大学有着如下的共同趋势,即强化开发、建设通识课程,注重学科交叉的促进。国外一流大学对开设交叉学科课程分外重视,其中,有的大学对跨学科选修提出了要求,在提出对创新人才进行培养的理念后,在对个性自由、和谐、全面发展的促进方面,在为发展创新人才奠定扎实基础方面,通识课程都发挥着重要作用,并越来越得到人们的重视。国外一流大学对开发、建设通识课程的力度方面都进行了强化,通过对国外一流大学的人才培养模式进行分析与研究,我们可以认识到,对于一流大学来说,一流的通识课程是必不可少的。此外,从整体课程结构方面,国外一流大学采取了一系列调整、改革的举措,如对自由选修课、专业选修课进行增加,对专业必修课进行减少等,从而对课程结构进行更深的优化,对学生个性化的学习需求予以满足。

(四)注重改单教学制度体系

在人才培养模式的构成要素中,教学制度体系所占地位非常重要,对于人才培养质量的提升而言,对先进的、科学的教学制度体系进行构建有着不容忽视的意义。国外一流大学在创新、优化教学制度体系方面十分重视,不仅对弹性学制、学位制、学分制等较为常规的教学制度进行完善,更注重对自身优势与传统的结合,将极具特色的教学制度建立起来。通过对国外一流大学构建的创新教学制度的特点进行总结,不难看出,其最终目的是相同的,那就是对学生之间存在的个性差异进行适应,从而真正实现因材施教,通过对学生在学习、研究中的能动性、主动性进行激发,对学生的主体性进行培养,进一步提升学生的创造能力。

(五)加大力度创新教学组织形式

对于大学教学来说,一定要避免陷入固化模式之中。那些对培养智力行之有效、大有裨益的教育,往往采用的都是个性化的形式。国外一流大学对教学组织形式的创新都非常重视,极力强调构建这样的教学组织形式——以探究与发现为核心。国外一流大学不仅在大班授课形式中对师生交流互动的机会予以探索增加,对学生进行鼓励与引导,使其主动地、积极地参与教学之中,从而将学生的主体地位凸显出来,同时对小班(小组)教学形式进行积极创新,对个别教学形式充分进行探索,从而创造条件,更好地发现学生个性优势、适应学生个性差异、促进学生个性自由发展。现如今,国外一流大学基本都创建了小班教学形式,该教学形式以小型研讨班为主。如剑桥大学、牛津大学等个别有条件的大学,还始终采用规模更小的导师制。小型研讨班授课形式,主要是让学生进行自主探究、独立思考,再辅以导师的引导,在学生自主发现、研究、解决问题的能力培养方面大下功夫。

(六)深入改革教学管理模式

在人才培养质量的提升、教学质量的提高以及教学管理水平的增强方面,灵活而高效的教学管理模式是不容忽视、必不可少的。为进一步推进教学的民主化进程,国外一流大学专门对管理、服务平台进行搭建,以更好地实施个性化教学。国外一流大学高度重视创新、改革教学管理模式。为将灵活而高效的教学管理模式构建起来,国外一流大学在专业课教学方面,往往会下放教学管理权力到院系一级,而在通识课程和交叉学科课程方面,则在大学一级建立专门协调与管理机构,从而对教学质量以及课程开发水平提供保障。

(七)重视培育隐性课程形式

国外一流大学对人才培养模式进行构建、对创新人才进行培养的前提与基础是促进学生个性充分和谐发展。而在对学生个性充分和谐发展的促进上,隐性课程起到非常重要的作用,这种作用无法被其他教育方式、教育资源所替代。尽管在大学精神、历史传统、校园文化等方面,国外一流大学之间有着不同之处,然而它们却都侧重于充分利用自身独特条件以对隐性课程建设予以强化,对全校教育氛围进行营造,最终促进学生个性充分和谐发展。

无论是如哈佛大学、剑桥大学、牛津大学等有着悠久历史的老牌名校,还是建校时间较短的"后起之秀",都对自身的优良教育传统极为珍视,通过对住宿学院制、导师制以及多彩的校园活动、优良的校园文化进行利用,全方位引导学生进行课外生活,从而与课堂教学形成合力,帮助学生实现非智力因素与智力因素的全面发展。此外,有一点非常重要,那就是学生在和导师密切沟通交流的过程中,可以接受导师人生观、价值观以及科学精神的熏陶,从而更好地培育自身优良人格品质。

(八)注重完善教学评价方式

国外一流大学立足传统评价方式,对新的评价方法不断进行探索,从而推动了评价方式摆脱单一,变得更加多元,更好地实现了创新人才的培养目标。国外一流大学在评价范围上,调整了对结果评价过于重视的倾向,并在评价范围中纳入过程评价,通过课程论文、随堂测验、课后作业以及课堂表现等形式,更全面地监测学生学习过程。而在评价目的上,国外一流大学对评价调控、矫正、反馈教学的功能十分重视。例如,哈佛大学在课堂教学中鼓励学生对教学效果及时反馈,不仅使学生自我评估能力得到提升,也让教师的教学质量得到提高;再如,普林斯顿大学计划对阶段性评价机制进行构建,从而对教与学的效果进行及时反馈。国外一流大学在评价依据上对考查学生实践能力、创新思维更为重视,而在评级方法上,其不仅通过考试评价学生,还通过多种其他方法,如社区评价、成果展示、口试答辩、提交论文、实践操作等对学生进行评价。

第四节　我国大学生人才培养模式探索

一、树立科学的教育思想观念

进入 21 世纪,科技水平突飞猛进,信息量爆炸式增长,只有树立新的、科学的教育思想观念,高校培养的人才才能跟得上时代的要求,从而实现人才培养的初衷。人才培养机制的思想观念主要是指一所高校所包含的有利于人才发展的培养目标、办学理念、学校精神、校园文化等,它是人才培养的灵魂。而人才培养观念直接影响着高校人才培养结果,它是决定高校是否能够建立人才培养模式的关键因素。

高校在构建人才培养模式时应将学生应用精神的培养融入高校教学理念,从而在教学中形成良好的应用学风。另外,高校人才培养模式的构建需要坚持知识、能力、素质的辩证统一。

从某种意义上来讲,知识包含多方面的内容,如科学文化知识、学科专业知识以及相邻学科知识等,它是能力和素质的载体。当前大部分高校对相邻学科方面知识的关注程度并不是很高,在教学中需要加强对学生相邻学科知识的传授。

能力的形成与提升需要相应的客观条件,通常情况下它是建立在一定的知识基础上,后经过不断的实践锻炼而形成。在某种程度上来讲,知识可以促进能力的提升,能力同样有反哺作用,随着能力的提升,人可以获取更多的知识。通常情况下能力涉及的内容较多,如知识获取能力、知识运用能力以及知识理解、反馈能力等。当前大部分高校在实践能力培养方面存在诸多问题。

素质的形成是建立在先天生理的基础上,并通过后期教育以及参加各种社会实践活动最终形成较为稳定的身心发展的基本品质。素质的提升可以提升知识和能力的运用水平。新时期高校在培养人才时,务必要坚持知识、能力、素质的辩证统一,积极开展素质教育,以此培养出适合 21 世纪社会发展需求的人才。

二、构建制度机制

(一)评价机制和选拔机制

1.建立多元化考试制度

考试制度应突出考查内容的多元化。

首先,我们在对学生综合能力进行考察时,应从多角度进行,切勿以偏概全。例如,学生对知识的理解程度、学生知识面的宽窄、学生的创新精神、学生的实践能力等。这样不仅考察了学生的记忆能力,也在一定程度上考察了学生分析问题、解决问题的能力。

其次,采用差异化的考核方法。这就要求我们对不同的专业、不同的层次水平的学生采用不同的考核方法。在考核中切勿单凭一张试卷的成绩给学生定性,而是将学生日常学习情况、对于所学知识的应用情况、跨专业知识的学习情况、按权重计入学习成绩中,把学生通过自学获取的知识、由创造性学习获得的知识采用附加成绩的方式纳入学生的学习成绩中。在考核中创新考核方法,采用多次考核与多方式考核相结合的方法,激励学生跨学科发展。

最后,奖学金的评定、优秀学生的选拔以及研究生的推荐都在一定程度上体现了人才培养的要求,应加强此方面的激励和政策导向作用。

2.改变现有观念

旧的教学观念不利于高校创新人才的培养,所以需要对其进行改变,在人才培养过程中给予他们充分的认可与尊重。当下,人才具有一定的个性特征,他们对发散思维、聚合思维、求异思维、逆向思维等方面情有独钟。另外,他们在未知领域有较强的探索欲望,同时对事物的发展规律有较高的洞察力。他们敢于挑战困难,具有较强的批判精神。

这类人才对于其他领域的知识有较强的学习能力。现有的评价制度难以综合评价出学生的真实能力,容易导致其他人对这类人才产生误解,其结果有可能会挫伤学生的勇气和信心,从而压抑其潜能的发挥。所以要建立一种适合人才发展的制度,使人才能够充分展现其真实的水平。

3.建立弹性教育制度

高校在构建人才培养模式过程中,还应当建立弹性的教育制度,为具有跨学科学习能力和跨学科应用能力的人创造良好的发展空间,所以高校要加强高校制度化建设,提升高校管理水平。通常情况下,教育制度化标志着教育发展水平逐渐成熟,但是教育制度化程度越高,其弊端也就越大,这主要是由于教育制度化与标准化相辅相成。一般情况下,教育的筛选标准、教育的内容以及教育评价标准具有一致性,我们不能否认教育的标准化对教育发展的促进作用,但是也应当看到其弊端,从某种意义上来讲,标准化就是平均化,而人才的培养并不是各个要素之间的相加。目前,高校还未形成一套行之有效的人才选拔标准,所以高校需要建立弹性的教育制度,为具有特殊才能的人创造良好的发展空间。比如,可以将应用能力的考核成绩、跨学科学习的成绩折算成学分。

(二)教育教学管理机制

1.建立复合型应用教育和跨学科学习的教学机制

当今社会是一个知识爆炸的时代,企图了解、掌握所有的知识可谓是天方夜谭。因此,怎样打破学科壁垒,整合所学知识,怎样使学生获取较多的有用的知识,怎样使学生更好地应用所学知识,显得更加重要。根据这样的知识观,高校在学生教学中应注重培养学生应用知识解决问题的能力和主动探究的精神。学生经常遇到的困惑是,不知道如何将自己所学习到的理论知识应用到实际问题的解决过程中去。因此,在教学过程中,教学方法应以提问和启发为主,教学重点要放在对学生应用能力的培养上,同样,教学评价标准应进行一定的变动,将应用实践能力作为教学评价的主要指标;除此之外,要对考试考核的目标进行调整,虽然要考核学生知识的掌握情况,但它不再是考核的重点,其考核重点转为学生知识的应用意识及跨学科知识的培育。

2.建立以人为本的教育管理机制

随着教育改革的深入开展,以人为本不仅受到人们的重视,同时成为现代教育的价值核心。以人为本教学理念侧重于人本身的发展,它将个体与社会的发展统一起来,将人的全面发展与个性发展统一起来。另外,以人为本教育理念还将个体的人文精神和科学精神统一起来。在这样的教育理念下,个体的智能得到全面发展,不仅可以在这个风云多变的社会做出正确的决定,同时可以创新创业。管理的直接目的是为了将事情做得更好、更完美,并为管理对象提供良好的服务。然而理想与现实往往相反,在管理制度建立之后,管理者便会要求管理对象的行为符合规章制度,同时要求管理对象服从管理者。在实际管理中,管理者为了减少不必要的麻烦,往往忽视一些超常规的需求,这在无形中使管理发生了变质,由"管理为人"变成"人为管理",在这种情况下人们追求应用能力和跨学科学习的动力将会受到一定的掣肘,所以我们应当建立一个以人为本的教育管理机制,为高校人才培养提供制度保障。例如,推进学分制度改革、完善计算机网络教务管理与服务系统、营造良好的人才培养环境、优化教学资源配置等。

3.建立有利于应用的教学实践机制

实践在高校教学中十分重要,它不仅是学生应用知识的过程,也是高校人才成长的必由之路。从古至今,无论是何种发明都来源于实践,都需要经过实践的检验。我国自古便十分重视教育,而知识教育则是我国教育的主要内容,这种教育理念为我国知识文化的传播起到了积极作用,但是过度重视知识的传承,会在无形中压制学生应用素质的培养。从根本上来讲,我国传统教学模式过于重视理论教学,缺乏实践教学,这在一定程度上使学生应用能力的培养失去了基础。通常情况下,学生的应用能力不是通过教师教授而习得的,它需要学生积极探索,这样应用知识的能力才可能成为自身品质的一部分,这主要是因为理论和实践属于两个完全不同的范畴。其中理论属于主观范畴,而实践则属于客观范畴,二者是对立统一的关系。一般情况下,如果理论和实践出现不一致时往往会产生新的知识,因此高校应为学生创造一定的实践活动空间,增加学生参与实践活动的机会。

在高校教学中,我们应当充分重视实践教学,并在此基础上不断提升学生的实践能力和应用能力。首先,对实验及实习等教学环节进行改革,增设一些应用性、综合性及设计性的教学内容,使实验和实习的教学手段更加现代化。另外,要对教材不断完善。要让学生熟悉并学会使用本专业领域内新的仪器设备,加强学生对相邻相关学科设备的了解,为学生提供必要的帮助。学生应多接触社会,通过社会调查等方式加深对社会的了解。其次,高年级大学生应尽早参与企业实践活动,增强自身的应用能力,进而真正了解企业的需求,以加强对相关知识的学习。再次,加快产学研工作的开展。高校应加快产学研教学基地的建设,加强学校与企业、科研部门的合作。高校还可以加强对毕业设计、毕业论文的管理,鼓励大学生从社会实践中选题,如深入企业对口部门,将自己的理论知识运用到企业实践之中,从中感受知识的价值,激发自身社会实践的积极性,进而提升应用能力。最后,高校可以开展各种社会实践活动,为学生提供更多的社会实践机会,让学生在社会实践中巩固自身的知识。

三、建设硬环境

通常情况下,高校人才培养环境的构建不仅需要创建相应的软环境,也需要搭建一定的硬环境。硬环境在高校人才培养环境建设中十分重要,它是人才培养的前提与基础,也是高校人才培养模式制度机制建设的客观条件。第一,高校在人才培养过程中需要一定的实验技术设施。通常情况下,实验技术设施主要是为了提升学生的应用能力,如实验室、创新研究基地等。高校要高度重视学生应用能力的培养,不仅要将其列入教学计划,也要积极鼓励学生参与课外应用创新研究,同时对参与课外应用型创新科技活动的学生给予一定的活动经费和物质支持。第二,高校应当为学生提供应用创新研究的学术交流场地,从而为学生营造一个良好的学习交流氛围,使他们的思想在交流中碰撞出智慧的火花。然而部分高校并没有完善的学术交流中心,制约了高校人才培养的进程。第三,高校还应当为学生提供应用型创新研究的信息渠道,为学生参与应用型创新活动提供良好的保障。

四、调整培养方案

(一)课程教学

1.调整课程结构

就教学课程结构而言,高校应进一步调整并完善课程结构,对当前单一的课程体系进行深入改革,使其朝多元化方向发展,如增设应用能力培养、综合素质教育等方面的课程。另外,要改变每门课程自成体系的现状,从整体上对课程结构进行调整,增设实验课、实践课等动手能力强的课程,不断提升学生的实践能力。

2.优化课程设置

从教材内容角度来看,高校课程设置应遵循"少而新"的原则,同时课程设置也要突出重点、难点。高校课程设置不仅要有助于培养学生的自学能力,也要有助于开展课堂讨论。高校在进行课程设置时,还要考虑课程的基础性和综合性,同时要保证课程具有一定的开放性,从整体上做到课程优化。另外,高校在优化课程设置过程中要改变传统观念,将选修课和必修课放在同等重要的位置,进而增加高校人文素质教育的权重。高校还应增加实践课课程在所有课程中的比例,在教学中注重培养学生的思维能力,并将应用能力的培养融入课程教学中。

3.改革教学内容及方法

(1)改革教学内容

在教学内容改革过程中,我们应当对传统的做法进行适当调整,拓宽教学内容知识的覆盖面。与此同时,要提高短课、选修课、思维方法课以及研究型课的比重,提升学生的应用能力。

在课堂教学上,要求所有课程教学都要兼顾理论知识和实践应用,提升应用能力培养的教学环节,结合教学课程的类型,引导学生撰写读书报告、小论文等,同时定期组织学生参加各种类型的社会实践活动。在专业知识传授过程中,教师要结合实际教学内容,为学生提供一些可以讨论的话题与内容,让学生在思考的过程中提升自身的思维能力和理解能力。另外,高校在改革教学内容时,还要进一步扫清应试教育留下来的弊端,通过科学合理的引导使学生养成良好的学习习惯。

(2)改革教学方法

在教学方法和手段上,要注重拓宽学生的思维。在汲取传统教学方法中的精华的基础上,加快高校教学方法的改革,让现代化教学方法逐渐成为知识与学生之间的桥梁,例如在高校教学中引入启发式教学法、案例法、讨论法、问题式教学方法等。在高校教学中,我们应当高度重视学生的个性培养,为此高校应采用因材施教的教学方法。由于受多方面因素的影响,如先天因素、后天教育环境因素等,每个人的素质构成会有所不同,为此在高校教学中应将培养学生个性发展作为重点,在尊重学生教学主体地位的基础上,提升学生的积极性,激发学生的学习潜能。另外,注重学生个性化发展在一定程度上可以为学生创造良好的发展空间,促进其全面健康地发展,这样才能培养出符合新时代社会发展需求的人才。

4.完善学分制

高校还要积极完善学分制,不断完善学校教学环境,如扩大选课范围、增加选课数量,通过这种方式提升学生学习的主动性和灵活性,为学生个性化发展创造良好的空间。高校在完善学分制初期可从两方面进行:首先,推行学分认可制,在一定程度上放宽对学生转系、转专业的限制条件,为学生创造一个个性化发展的空间。其次,实施弹性学制,使学生获得自由的学习时间,高校在实施学分制的前提下,让学生在一定的时间内完成培养方案中所规定的学习课程。最后,高校还应对专业进行细致划分,具体分为若干个学科大类,在教学前期主要以基础教育和通识教育为主,而在后期则以跨学科学习和宽口径专业教育为主。

通过对知识进行分类,不断丰富、完善通识教育,将大学需要的基础知识不断优化、精简,将所有学生都必需的知识纳入通识教育并采用必修的方式,对于专业知识则采取选修的方式,学生的毕业标准以固定的必修学分和选修学分为依据。这一模式的优势在于,学校将不再需要按学科招生;学生入学后,对于所喜好的专业可以自由选择学习,这有助于各类人才的培养。无论是研究型人才,还是应用型人才,在这种模式下都可以得到培养。在现阶段,可以采取主修、辅修相结合的培养模式,主修本专业,辅修其他专业,按照学分记录成绩。

(二)科研项目

高校在培养创新型人才时,需要加强对人才科研意识、科学素质以及科研能力的培养。但需要注意的是,人才的科研意识、科学素质以及科研能力很难通过课程学习来形成,在教学过程中,我们需要加强对学生科学涵养的培养。

第一,对现有的实验教学方法进行改革,使其有助于学生独立自主地进行科学研究。例如,在物理、化学等学科中,我们可以按照基本训练、综合训练、设计实验、专题实验几个方面来培养学生的能力,与此同时,在教学中,我们可以将部分实验设计为自选型的应用、设计实验,将实验的主导权交给学生,让学生自己制订实验方案,并在此基础上完成实验。

第二,高校也可以在资金上给予学生一定的支持,鼓励学生进行科学研究。例如,每年在学校设置一定的科研项目,同时每个科研项目下分别设置相应的经费补贴,激发学生投入科学研究的热情。另外,每个院系要指定有丰富科研经验的教师作为学生科学研究的指导老师,并在其带领下组建课外科研小组,带领学生开展各种科研活动,培养学生的团队协作精神。

第三,对于高年级的学生,学校可以让他们直接参与教师的科研项目,并鼓励优秀的教师直接参与课题的制定,学生在教师的指导下进行相关科研训练。学生直接参与教师科研项目研究,不仅可以学习一定的科研方法,提升自身科研能力,也可以在无形中培养学生严谨求实的科研精神。另外,让高年级学生介入教师科研项目,可以将本科与研究生阶段的学习衔接起来,使高年级学生尽早接触学科前沿知识。

(三)专业实践

1.针对一些重要的学科竞赛创建相应的实践及实习基地

学科竞赛在高校教学中有十分重要的作用,它不仅可以提升学生的动手能力,也能培养学生的应用精神。目前,大部分高校每年都会举行各种学科竞赛,如大学生电子设计竞赛、大学生数学建模大赛。大学生如果想要在这种大型的学科竞赛中取得理想的比赛成绩,单纯依靠某一学科的专业知识和能力是远远不够的,良好的比赛成绩的取得需要多方面的知识。通常情况下,这种比赛都是让学生自行设计完成,这些比赛对培养大学生的创新能力、团队协作精神、实事求是的科学精神都有十分重要的意义。另外,这些学科竞赛在一定程度上可以提升学生理论联系实践的能力和学生解决实际问题的能力。因此各个高校应当投入一定的资金来完善学校的实验器材、仪器设备等,从而为学生参与学科竞赛提供基本的训练环境,进而让学生在学科竞赛中获得优异的成绩。

2.产学研相结合,投资建设一批创新实验基地

高校在人才培养过程中,还需要加大产学研创新实验基地的建设力度。产学研创新实验基地的建设旨在推动学校产学研教学的协同发展,在借助高校雄厚师资和学科优势的同时,利用产学研创新实验基地来改善学校教学实验室环境,促进高校教学实验室的建设,进而提升高校的教学潜力。例如,高校电子类实验室中所使用的实验箱品种繁多、价格不一,如果学校可以在这方面投入一

定的资金,并以本校电子信息教学实验室作为依托,由专业教师和学生共同研发通信原理的实验箱及光纤实验箱,这不仅降低了学校采购实验箱的成本,也极大地提升了学生的创新精神和科学实验能力。另外,学校应鼓励教师和学生在现有实验箱产品研发的基础上,对其进行不断完善,并将其推广至同类院校。通过这种方式,学生的动手实践能力得到提升,这对于提升学生学习的积极性和主动性有十分重要的作用。

3.与企业紧密结合,为实践教学创造条件

产学研创新实验基地的建设对实现校企全面合作,改变学校人才培养模式具有十分重要的作用。产学研创新实验基地不仅可以促进高校实践教学发展,也可以在一定程度上提升企业的生产效率和经济效益。如果高校产学研创新实验基地的建设与发展得到企业的大力支持,学校产学研创新实验基地建设中的资金、学生实习、课题设计等问题都会迎刃而解。另外,企业可以选派技术人员参与高校课程设置,科学合理地调整课程教学计划,使其可以培养出更多符合社会发展需求的高素质人才。

五、教学质量监控体系

(一)建立相关制度

1.建立教学检查制度

高校每年可开展三次的教学检查,如开学初期、期中、期末,且每个时期的教学检查内容有所不同。在开学初期,主要检查教学的准备情况;期中,主要检查的是教学的运行情况;期末,主要检查的是教学效果,其形式为期末考试。虽然教学检查工作只是例行工作,但是检查内容也不尽相同,例如期中教学检查工作,它需要对教师的备课记录进行评价,同时会开展教学经验交流活动,学校领导也会深入课堂观摩教师讲课,从而全面了解教学的开展情况,并及时纠正教学中出现的问题。

2.建立教学督导制度

一般情况下,高校教学监督可以分为两级:校教学督导组和院教学督导组。校教学督导组的成员主要是由学校各个院系中的优秀教师组成,他们不但治学严谨,而且教学经验十分丰富。院教学督导组则是由院系优秀教师组成。教学督导员会不定期深入课堂了解教师的教学情况以及学生的学习情况,并对教师提出指导性的教学意见。另外,教学督导员会参与巡视毕业论文的审查,同时对学校和院系的教学工作进行相应指导。

3.建立学生评教制度

我们可以从三个方面建立学生评教制度。第一,开展全员评价,让所有的学生对任课教师的教学情况进行评价;第二,完善实测操作规范,高校应不断完善实测操作规范,最大程度上降低实测的误差;第三,全面处理评价信息,高校在处理评价信息时,应从多方面、多角度、全方位出发,提升评价信息反馈的针对性。

4.建立干部、教师听课制度

高校干部、教师听课制度的建立与完善,需要学校干部和教师的通力配合,即学校干部、教师要不定期深入课堂听课,同时要规定其最低听课次数。

5.建立学生信息员制度

聘请学校学生担任信息员,通过他们收集的全校教学情况来了解全校教学工作的开展情况,通过他们掌握学生对学校教学工作的意见及建议。另外通过学生信息员制度拉近学生与学校教务处的距离,并及时解决学校教学中存在的问题。

6.建立青年教师教学竞赛制度

学校还需要针对青年教师,建立教学竞赛制度,并在学校定期举办青年教师教学活动竞赛。在校青年教师经过院系的竞争选拔之后,代表院系参加学校总决赛,学校对比赛中取得较好成绩的青年教师颁发证书和奖金,并将其作为青年教师职称评选、薪资晋级的标准之一。建立青年教师教学竞赛制度,可以在青年教师中形成"学、赶、比、超"的氛围,这对推动高校教学改革以及提升高校教学质量有重要的作用。

7.建立毕业生跟踪调查制度

高校还应加强对本校毕业生的关注度。一方面,高校教务处应积极开展毕业生的跟踪调查工作,了解毕业生在当前工作单位的工作情况,同时要了解用人单位对毕业生的评价。此外,应进一步了解用人单位对大学人才培养方面的建议。另一方面,每隔三年进行一次毕业生跟踪调查,了解社会人才需求情况,为高校课程改革以及人才培养模式的完善提供依据。

(二)教学质量监控

第一,对教学质量的监控要做到全面性,无论是直接影响教学质量的因素,还是间接影响教学质量的因素,我们都应当进行相应的监控。例如,教学管理水平、学生食宿等。第二,对教学质量的监督要做到全过程性,从横向角度来讲,学校不仅要关注课堂教学,同时要加强对学生课外学习的监控。从纵向角度来讲,对学生的监控要渗透到从学生入学之日至学生实习、毕业整个期间,做到全方位的教学监控。第三,教学质量的监控需要全员参与,其中既包括学校高层管理人员,也包括教师和学生。高校教师和学生不仅是教学质量监督的主体,也是教学质量监督的对象。第四,应采用科学、合理的教学质量监督方法,还要确保教学质量监督方法的多样性,只有采用多样化的监督方法,才能获得比较全面的教学信息,然后进行全面的分析,制定相应的解决方案。

(三)考核与评价方式

首先,建立相应的教师授课质量评价制度。高校应对所有教师建立相应的教师质量档案,具体上来讲质量档案主要由领导听课意见、专家评课意见、学生评价分数三部分组成。在教师授课质量评价制度环境下,需要安排学校领导以及专家每学期不定期地听课,与此同时,结合学生对教师教学质量的评价,对教师的授课质量做出综合评定,并将其评价结果作为教师评选、考核的依据。

其次,建立院系教学工作评估制度。学校每个学期组织开展一次院系教学评估活动,对那些在教学工作中表现突出的院系进行表扬,同时给予他们证书和奖金等奖励。学校开展院系教学评估活动可以在一定程度上提升院系领导对教学工作的重视程度,从而提高高校教学质量。

最后,建立教学信息反馈制度。高校要认真对待从各种渠道收集的教学信息,并将这些教学信息以文件、学校媒体、电子报告等形式反馈至相关院系或学校部门,相关院系和学校部门在收到教学意见反馈之后应及时处理解决,有必要时学校可以直接召开教学信息反馈会,督促相应院系和部门及时解决问题。

第五节　数字赋能个性化人才培养

一、数字化转型的研究背景

高等教育的根本任务是人才培养,随着信息化技术的发展,当今社会如何利用数字技术提高人才培养质量已经成为新的研究课题。2023年2月13日,怀进鹏部长在世界数字教育大会上明确提出,我们要深化实施教育数字化战略行动,一体推进资源数字化、管理智能化、成长个性化、学习社会化的要求,让优质资源可复制、可传播、可分享,让大规模个性化教育成为可能。党的二十大报告指出,要加快建设网络强国、数字中国。加快建设数字中国是发挥信息化驱动引领作用、推进中国式现代化的必然选择。

近几年,大部分高校充分体现"以学生为中心",因材施教,在人才培养模式上实行学分制。学分制较传统培养模式,更注重学生个性发展,更有利于学生优化知识结构,符合当今社会对多学科交叉复合型人才培养的需要,同时符合"成长个性化"的建设理念。个性化人才培养是高等教育发展到一定程度的必然产物,也是我国数字经济的内在要求。然而,国内大部分院校实行的学年学分制,并不是个性化人才培养,通常是按照专业来制定培养方案。

学年学分制在教学方式上,学生和教师没有自主选择的权利,按照行政班级排课,学生没有自主选择教师的权利不能激发学生学习的热情;同时,对于教师来说,在教学方式上也不能激发任课教师增强竞争意识,努力提高自己的授课水平,无法形成一种优胜劣汰的教学环境。因此,就需要一种新的管理模式来改变这种现状,通过构建新的教学平台来解决师资力量不足,课程数量不够,教室容量受限,学生选课课程冲突,教学质量监控难度增加等诸多问题,从根本上做到个性化人才培养。

二、数字赋能构建教学一体化平台

在高校实际教学过程中,同一门课程通常有不同的教师进行讲授,在个性化人才培养的管理模式下,学生们大多会更倾向于选择讲课更生动活泼、学术水平更高、更资深的教师来上课。然而由于学校的师资有限,哪怕是"985""211""双一流"高校也不可能所有课程都是知名"大咖"来授课,这就造成现有教师无法满足学生学习上课的需求。通过构建教学一体化平台,做到"直录直播,互联互通",让学生通过线上、线下相结合的学习方式,选择自己满意的教师。也许学生遇不到最好的教师,但一定能让学生上最好的课程。

学生在选择自己喜欢的教师后,还经常会遇到不同专业、不同学院开设的课程,在个性化人才培养模式下,通过构建教学一体化平台学生选课将不再局限于本专业课程,可以选择跨专业、跨学院,甚至跨校区选课。

在个性化的管理模式下,学生有充分的自主选课权限,但也会遇到选中的课程之间存在上课时间冲突的问题,从而不得不放弃一门自己喜爱的课程。将教学一体化平台引入学分制管理将彻底解决时间和空间的限制。

因此,教学一体化平台将打破高校传统的以"培养方案""执行计划"为中心的管理模式,塑造以"课程为中心"的管理模式,形成课程扁平化管理模式,形成"学分银行";以知识点为基础,形成知识图谱。同一专业毕业的学生,所学课程将不再统一,每人的课表都不一样,真正做到了个性化培养的目标。培养模式从精英教育,逐渐转变为创新教育,让每个学生都有所得、有所获,为学校创新发展打好基础,这也就是怀进鹏部长提出的"跳出教育看教育"。

三、数字赋能教学一体化平台在个性化管理模式中的应用方向

(一)数据融合

随着云计算、物联网、移动互联、大数据、人工智能等信息技术的发展,各系统之间的数据融合和共享交换已势不可挡。教学一体化平台需要整合课程资源、教师信息、教师成果、课表信息、教室信息、学生奖励等数据,做到互联互通,彻底解决信息孤岛的现象。跨部门的数据或不同平台的数据,存在数据规范性不统一、对接难等问题,这时就需要高校统筹管理、统一思想、克服各个部门的本位思想,从开发规划到需求分析上找准切入点,将教学一体化平台打造成数据中台,提供业务系统数据之间的集成。因此,将教学一体化平台引入教学管理之中可以有效打破信息孤岛现象,实现多平台数据的融合,通过统一数据接口的标准与规范让各个行政部门的相关数据实现共享,满足其业务发展需求,从而让学校归档、上报数据更加准确、便捷,为学校规划和决策奠定了基础。

(二)课程超市

课程超市是指根据学生的不同学习需求和个性发展需要,由学校设置各种类型的课程,让学生围绕着专业主修课程,跨专业、跨学科、多元地建立自己所需的课程体系结构。因学生选课方式具有很多与超市购物相似的特点,所以我们把这种模式称为课程超市。

教学一体化平台的课程超市应该充分体现灵活性、适合性和多样性的特点,课程内容既要符合人才培养的需求,也要有足够多的高质量课程供学生自主选课。

(三)直录直播

直录直播是教学一体化平台设计的一个重要功能,即教师在教室上课的时

候通过教学一体化平台在线直播。同时,平台能够将教师上课的讲授实况录制并保存下来,其目的是打造丰富、生动的线上课程资源。线上课程将分门别类、按照时间在平台上进行展示,与线下课程相结合,逐步形成一个较为完整的课程体系。学生选课将不再受时间和空间的限制,可以任意选择自己感兴趣的课程,真正做到个性化人才培养。

(四)个人空间

个人空间是收集、展示、汇总、管理个人相关信息的系统平台模块。从用户角度,个人空间可以分为教师空间和学生空间,教师空间功能模块主要有教学任务、个人课表、学生成绩、考核试卷、研究成果、教改项目、工作量计算等;学生空间功能模块主要有学籍信息、培养方案、自主选课、个人课表、考核成绩、学生奖励、学业分析等。通过个人空间,可以打造终身个人电子档案,记录学生本人的个人信息、学习经历、学习成果及成绩转换记录等信息。实行一人一档,终身有效。

(五)信息安全

信息安全是教学一体化平台建设中的不容忽视的地方。信息安全是国家安全的重要组成部分,没有信息安全就没有国家安全。对于高校而言,信息安全关乎学校的平稳有序运行,是教学、科研的重要保障;对于用户而言,信息安全是保护个人隐私、防止数据被篡改的必然要求。无论哪个层面,信息安全、网络安全都是非常重要的。根据我国的相关法律法规,系统软件都要进行等级测评,教学一体化平台按照行业标准做好代码优化和相关安全策略,通过漏洞扫描便可以申请相应的系统安全等级保护。对其核心区域要做好数据安全的保密工作,防止敏感数据被泄露并为不法人员所利用。

四、数字赋能教学一体化平台发展的方向和应用策略

(一)加强组织领导

教学一体化平台的建设不仅是某一个部门的职责,更应该从学校层面加强组织领导,提高全校范围对其的重视程度,才能发挥教学一体化平台的作用。高校的教学管理数字化,必须从上到下统一认识,通过各个部门共同协作,才能完成大数据的融合以及信息化的建设工作。因此,这就要求学校的领导做好顶层设计,一方面,加大教学一体化平台以及信息化建设的资金投入力度,给予充分的全方位资源支撑;另一方面,要提供更多的政策支持,加大宣传力度,充分

调动教师和学生的积极性,提高全校教职员工和学生的配合与支持度,让更多的教师和学生参与进来。

(二)增强队伍建设

强有力的人才队伍是支撑教学一体化在高校教学管理活动中得以应用的前提条件。没有一支专业的人才队伍是无法支撑高校的现代化发展的。信息化建设工作不是一蹴而就的过程,而是循序渐进的过程,高校要尽力打造一支专业的团队来负责信息化建设工作。此外,学校还应该努力提高全校教师的信息化水平,加强培训,让跨专业跨学科的教师也要了解并使用好智慧教室、智能平台、教学一体化平台。这样,才能提高学校的信息化水平,让更多的教师愿意并主动使用教学一体化平台,从而提高智慧教学的应用水平,助力人才培养质量的提升。

(三)建立安全体系

教学一体化平台的优势毋庸置疑,如果要想平稳顺利地运行需要学校在方方面面提供保障,建立起全面的保障体系,为教学一体化在学校的全面落实营造良好的环境与氛围。因此,高校要做好以下四点:首先,加强数据安全意识。对核心数据进行加密处理,必要时可以配备数据库审计系统。同时提高管理人员的业务水平,加强安全教育以及培训,防止因人为原因而导致信息泄露。其次,制定相应的管理制度和安全报备机制,对平台的用户、管理者加以约束和规范。再次,做好系统平台的安全策略。高校应具备网络安全意识,校内网、互联网要分开,配置有效的防火墙安全策略,对访问数据进行实时监测。最后,做好数据备份。数据是安全的核心,如果数据丢失将会影响整个教学过程和教学管理,因此,学校务必要做好数据备份,如果条件允许尽量做数据的完全备份。总之,安全问题无小事,怎么重视都不为过。

综上所述,在智慧教育、数字中国的大背景下,向高校数字化转型个性化人才培养教学管理模式中引入类似于教学一体化的系统平台成为一种行之有效的解决办法。在应用过程中,首先,要对教学一体化进行统一谋划、共同协作以及高效管理;其次,高校需要提升重视程度,加强工作队伍的重视程度,建立健全安全保障体系;最后,高校要勇于创新,拓展思路,这样才能够进一步发挥出数字资源教学一体化平台在高校个性化人才培养中的实际价值,真正做到以学生为中心,助力学校的数字化转型。

第四章
新时代大学生人才培养内部质量保障体系创新

第一节　我国高校内部质量保障的发展现状

　　高校的内外部质量评价和保障体系既是学校生存的要求,也是学校持续发展的内在和外在驱动力。自从我国推进"管评办"分离改革以来,我国逐步改变了高等教育中行政管理的传统体系,改变了政府作为"管理者""主办方"和"裁判员"三位一体的身份,改进了教育管理方式,将政府办学的职能归还于高校,同时引入社会的监督力量,协调好政府、学校、社会之间的关系,形成政府依法治教、学校自主办学、社会客观评价教育的开放型高等教育治理体系,高等教育的质量管理行为驱动也从行政外部驱动逐步转变为高校内部驱动。我们结合上述对我国部分高校内部质量保障体系建设的调查结果,以及学术界对我国高校内部质量保障体系建设现状的分析发现,其主要存在五个方面的问题与差距(见图4-1)。

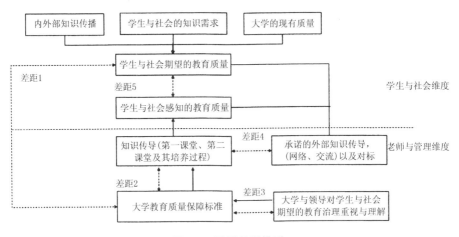

图 4-1　质量差距模型

一、高校教育质量保障标准与社会期望之间的差距

高校所制定的内部质量保障标准与学生和用人单位所期望的高等教育质量之间存在差距，主要表现为以下三个方面。

一是各方对高等教育目标的认知上，高校从自身视角设计出来的内部质量保障指标体系过于偏重科研成果，对高等教育本质的人才培养质量应更加关注；在各方对高等教育发展主体的认知差异上，高校从自身视角设计出来的内部质量保障指标体系偏重机构的发展，偏重于客观条件和物质环境指标而忽略了人的发展本身，应更加关注人的发展；在各方对高等教育发展在文化和观念上的认知上，在高等教育质量发展中强调适应于现有体系与传统的高等教育质量观，对质量标准的创新需求认识不足。

二是当今社会正处于高速发展阶段，学生和用人单位对高等教育的质量预期会随着社会的快速发展而发生变化，但高校内部质量保障的标准相对稳定，学校对持续变革与优化的能力重视程度不够，难以与时俱进地随着学生和用人单位对高等教育的质量预期变化而变化，致使高校教育质量保障标准与社会的质量预期出现脱节。

三是高校内部的管理层级繁多，分工细致，在层级上有校、院、系，在职能分工上有教学、科研、思政、人事、财务、后勤等部门，而内部质量保障工作是一项需要跨学校多层级、多部门、多工作维度的综合性工作，内部质量保障流程在具体工作执行中，需要集成学校多个部门的业务和数据，而高校各个部门的工作目标与考核指标存在着现实的不同，学校对内部质量保障工作的支持力度也存在差异，这使得内部质量保障流程在落实执行的过程中，各个部分的工作不易形成协同合力。

二、高校教育质量保障标准与相关信息传导过程的差距

高校在通过教育教学推进相关信息传导的过程中，存在不能遵照设定的内部质量保障标准落地实施的问题。

一是高校内部质量保障标准的设计过于复杂，在教育教学的实践中因实施质量保障流程过于烦琐而无法充分执行；二是高校内部质量保障标准的制定缺乏柔性空间，在教育教学的实践中因缺乏必要的灵活性而无法严格执行；三是高校制定的内部质量保障标准没有经过细致的调查研究和广泛的征求意见的过程，比如忽视了学生、教师等利益相关者对质量保障的看法，没有取得相关群

体的充分认可,单方面由校方机构开展质量保障的推进工作,致使效果事倍功半;四是为了便于获取数据,部分高校在内部质量保障标准建设中较多地采用了学生考试成绩、期末评价等终结性评价指标,未能充分纳入体现过程质量的过程性评价指标中,使得质量保障标准不能全面充分地反映出教育教学质量,进而影响了最终实施的效果。这些情况都会使高校内部质量保障标准在落实执行的过程中,不能把内部质量保障标准有效地传导到教育教学过程中,进而产生了知识传导过程的差距。

三、高校领导与管理团队对教育质量标准的重视与理解存在差距

高校领导与管理团队在某种程度上对学校内部质量标准建设具有方向性和决定性的影响。受历史的影响,我国高等教育在相当长一段时间里带有明显的计划属性,给高校发展留下了强烈的"行政化"色彩。具体来看,无论是宏观层面的国家高等教育管理体制,还是高校内部的管理体制,都是按照行政化模式施行和推进的。那么,就教学质量标准的建设而言,高校领导与管理团队对内部质量保障体系的理解和重视程度,对高校教育质量标准的制定和实施影响重大。领导和管理团队自身专业、领导力以及技术程序等方面的素质对高校教育质量也有重要影响。

具体而言,一是基于信息交互过程产生的认识偏差。一方面,高校领导与管理团队可能缺乏了解学生和用人单位关于教育质量诉求的有效渠道,或是对相关信息的理解和解读出现了偏差;另一方面,高校行政管理体系层级较多,同时外部社会对教育质量诉求的信息内容和角度多样复杂,致使信息在多层次和多角度的传递中往往会出现偏差,使得高校管理者难以准确把握教育质量诉求及其相关标准设定。二是外部社会对教育质量的预期倾向于短期收益,对高等教育质量的评价也更侧重于大学毕业生对社会的贡献、大学生就业情况、个体教育投资收益、高校舆论口碑、公开可查的科研成果等指标进行衡量。但是,作为高等教育管理者,往往是从整个社会可持续发展以及学生成长的角度出发,考虑高等教育的长远和间接收益,这也使得高校管理者对高等教育质量的理解与大学外部质量评价标准之间存在错位现象。

四、高校承诺与过程实施之间的教育质量的差距

高校对社会承诺的质量保障标准与实际质量保障工作标准之间存在差距,主要表现在以下三个方面:一是高校内部质量保障工作存在常态化运行机制不

健全的问题,比如许多高校的内部质量保障体系仍依附教育部高校教学审核评估、专业认证、学科评估等外部质量保障项目。但是,外部质量保障通常具有外部性和非常态性的特征,以普通高等学校教育教学审核评估为例,高校内部质量保障工作开展的周期为五年。那么,学校如果依托于五年一次的教学评估开展内部质量保障工作,势必无法确保内部质量的常态化监督与审查,无法有效回应外部社会的问责。二是高校的内部评估体系不完善导致质量标准执行不到位。许多高校尽管制定了内部质量保障标准,但在具体工作实施中不能严格按照质量保障标准去执行,在教育教学过程、质量保障、师生员工质量文化意识等方面存在进步空间。三是在获取和分析教育教学各个环节的质量检测数据的过程中,往往会牵涉高校多个业务部门,不同部门之间的数据可能存在统计标准不一、口径不一的问题。高校内部实施科层化管理,体现出管理层级多、审批环节复杂等特征,说明高校质量数据的收集与反馈路径存在提高的空间。

五、学生与社会期望的、感知到的高校教育质量的差距

高校内部质量保障体系建设的根本出发点和落脚点都应该是学生的成长,换言之,高校教育质量建设应该体现以学生为中心(student-centered)的基本理念,使学生感知到的质量与其对高校教育质量的期待相吻合,进而获得学生和社会的支持与信任。但是在现实中,往往会出现两者不一致的情况,具体表现在两个方面。

一是学习过程中感知到的质量与预期有偏差。感知质量最早是由芬兰学者格鲁诺斯(Gronroos)提出的顾客消费意义上的概念,他强调了一种不同于传统上基于产出导向的质量内涵解读方式。这种独特的质量角度有利于更加深度、个性化地分析质量问题产生的过程和原因,进而围绕消费者的需求提出改进策略。如果将其反映在教育教学过程中,我们会发现学生感知到的教育质量取决于其预期的教育质量与体验到的教育质量之间的差距,这是近几年来高校广泛使用大学生学习体验问卷调查这一质量保障工具的重要原因。

二是高校人才培养成效与社会用人单位实际需求之间的差距。从用人单位对人才需求的视角来看,用人单位期望高校能够培养出具备工作岗位所需技能的、有较高胜任力的毕业生,以降低后续人力资源培养成本。而传统上基于产出导向的评价方式,就成为用人单位衡量高校人才培养质量的主要指标,比如毕业生就业率、毕业生工作适应能力、专业能力等。但是从高校的角度来看,

教育绝不仅是传授学生掌握就职需要的知识和技能，还需要从学生心理健康、责任意识、道德品质、健全人格等多方面关注学生的可持续发展，目标取向的差异使得用人单位感知的人才培养质量与高校的人才培养成效存在偏差。

第二节　我国高校内部质量保障的新趋势

高校内部教育质量保障的实践逻辑整体上是由理念、技术、管理、权力四个维度构成的。随着我国高等教育规模的不断扩张和学校类型的分化，以及新技术、新理念对高等教育发展带来的冲击，高等教育发展面临新的挑战。具体表现在管理理念上的共性标准与个性发展之间的平衡、监控技术上的教学自主性与标准约束性之间的平衡、质量管理上的学校主导性与院系独立性之间的平衡、权力保障上的行政支配性与全员参与性之间的平衡等方面。

一、管理理念：外部标准统一性与院校发展个性化之间的平衡

人才队伍持续壮大和人才效能持续提升是国家经济社会发展的核心驱动力，也是近年来我国政府工作的核心事项之一。而关涉人才质量的基础工程便是高等教育的发展情况，高等教育质量已经成为社会各界普遍关注的议题。我国高等教育由"政府—高校—学生"这一相对简单的三元结构发展成为一个关联着政府、高校、企业、师生、家长、社会等多方力量的体系，是一个综合了多元利益的复杂场域。在此背景下，高校内部质量保障的目标与政策势必要得到利益相关者的广泛认同与支持。但是，一个可广泛推广的内部质量保障体系，不仅需要在不同高校之间做横向比较，还要在同一高校进行纵向历史比较，通常需要对保障指标和保障方法进行标准化处理，使之具备一定的普适性与稳定性，这就需要外部标准统一性与院校发展个性化之间的平衡。

具体而言，我国高校内部质量保障在过去几十年都是在外部力量驱动下推进的，国家部门主导的各类审核评估、专业认证等，是高校构建内部质量保障体系框架和要素的重要参考依据。这固然为高校质量建设和过程管理提供了便捷，但也造成了高校发展同质化的弊端，不利于院校特色和分类发展。尤其是在教育质量观念上，部分高校的教育管理理念和方法也并未伴随着高等教育规模的扩张进行相应的更新和调整，比如有些高校仅开展了常规性的教学评价工作，而且评价程序欠缺规范性，评价方式较为单一。此外，质量管理、监测与评

估工作所具有的特殊性质,要求做这些工作的人员除了具备普通行政岗位通用的素质和能力外,需要有高等教育学、高等教育管理学、高等教育统计与测量学、高等教育评价、现代信息技术以及数据分析等领域的知识和应用能力。否则,高校会盲目套用其他高等教育机构的评价模式,忽略了自身的办学特色和监控特点,缺乏贴合高等教育实际的监控和评价,使得内部质量保障标准不能充分地体现高校的个性化定位和办学特点,不符合高校分类发展的需求和趋势。

质量保障既是制度层面,也是价值层面;既是行动层面,也是观念层面;既是行为层面,也是习惯层面。我国许多高校的内部评估工作是基于上级主管部门的外部评估要求所做的应对性措施,尚未形成一种"内生型"的质量文化。从短期看,高校质量文化建设对提高教学质量也许看不到立竿见影的效果,但从长远看,对提高教学质量有着极其深远的影响。因为它已经渗透到每个教师的行为方式、价值理念以及教学习惯中。质量文化建设既不是来自上级政策的要求,也不是来自大学自身的生存压力和迎合市场逻辑的需求,而是大学文化的使命使然,来自一种没有功利的价值追求。

二、监控技术:高校教学自主性与质量标准约束性之间的平衡

高等教育质量保障需要从经验走向科学,从制度及运行机制层面建立相对科学、规范的质量保障与监测机制。现代高校人才培养活动是学术事务与非学术事务的复合体,需要两者之间的紧密配合。2018 年 4 月,由露丝·格雷厄姆（Ruth Graham）博士负责开发,并由英国皇家工程院（Royal Academy of Engineering,RAE）发布的"大学教学职业生涯框架"（The Career Framework for University Teaching,CFUT）重新界定了高校教师在"教与学"方面的成就标准,覆盖了高校教师四个发展阶段的身份特征与教学影响范围,分别包括有效型教师、成熟型教师、学术型/机构领导者以及全球教学领导者四个阶段的转变。在此过程中,高校教师的教学影响范围逐步扩大,也实现了从日常教学反思到创新和应用教育教学知识的转型,从而影响到教育实践。换言之,一项高质量的教学活动不仅需要完成备课、授课、答疑辅导、批改作业、评价反馈等日常教学工作,还需要更加自主的空间以实现知识性的教学创新。

但是,长期以来,高校教学管理制度作为制度环境中保障高校教师正常开展教育教学活动的制度体系,呈现出"统一管理""严密计划""刚性控制"等特

征。高校教学管理制度与组织支持体系的建立、调整与革新,也都是从抑制高校教师的创新性角度出发的,以程序式的方式进行管理服务,倾向于对高校教师的遵循和对教育教学过程的约束,重在对现有框架的维护和遵循。而教学质量标准的"规范性""统一性"限制了高校教育教学活动开展的自由空间,教学创新就失去了动力,教学工作成为一项周而复始的工具性、合规性劳动。

这种"自主性"与"约束性"之间的内在逻辑是,没有教学质量标准的约束,高校教育教学活动必将走向混乱和失控。但是教学本质上是学术性事务,本身就具有一定的自主性和创新性特征。因此,教学自主与标准约束既是高校教育教学活动的一对矛盾,也是一对必要的张力。就两者的关系而言,并不能厚此薄彼,教学工作居于大学事务核心地位,教学学术自由与教学管理规范两者是同一个过程的两个方面,缺失任何一项,都不利于高校教育质量的提高。

三、质量管理:学校管理主导性与院系监控独立性之间的平衡

在高校内部质量保障体系中,学校管理的主导性与院系监控的独立性是体现院校办学自主和质量共担的重要表现。但是,我国高校内部教育质量监控仍缺乏长效协调机制,主要表现在管理职责分工不明确和对监控效果的反馈相对滞后两个方面。

第一,高效管理职责分工边界清晰和权责明确是确保内部质量保障有序运行的基本前提。从"校—院"协调机制建立的视角来看,学校层面与二级学院在内部质量保障体系建设中的角色与任务分工不同,学校旨在从宏观层面建立学校层面的质量保障政策与框架,二级学院则侧重在执行层面将质量保障理念与要求落实在具体行动中。但是,如果学校管理既抓宏观调控,又兼顾具体事务,就会导致各学院(系)缺乏积极性和主动性,阻碍各学院(系)独立自主地开展教育质量内部监控的空间与效率的活动。同时,学校将内部质量保障建设的主体责任更多地让渡给学院和教师,认为教育质量由教师决定,管理者只是起辅助作用,发挥的作用不大。这种认识上的误区也会使管理者在学校内部教育质量监控中出现怠慢的情况。

第二,高校运用内部教育质量保障的目的往往只停留在发现问题的层面上,很少关注问题产生的原因以及解决问题的策略,如研究生教育内部质量保障"中梗阻"多属于机制性"梗阻",是信息、资源、制度与人的协同问题,是需要

融合文化心理和利益关系等才能彻底解决的问题。就内部质量保障的反馈情况而言,学校层面对教育质量的内部监控过程中发现的问题也缺乏及时反馈、跟踪验证和应对策略,经常出现上一年度检查和评估出现的问题在下一年度依然存在弊端。此外,高校缺乏极具针对性的解决措施,无法将问题落实到具体单位和个人,相应的责任也难以追究。再者,高校内部各部门之间缺乏有效的联动机制,部门之间、院系之间壁垒较多,质量保障工作难以形成合力,进而导致高校内部教育质量保障的效果不明显。

四、权力保障:机关行政支配性与多元主体参与性之间的平衡

解决高校质量保障的形式化、表面化问题,基层学术力量、学术组织在质量保障过程中的主动性和积极性不可或缺。从质量文化的角度反思我国高校内部质量保障体系建设会发现,利益相关者参与的充分性是决定高校内部质量建设的重要指标之一。而在权力参与的机制上,高校发展仍面临着机关行政支配性与多元参与性之间的挑战。

第一,关于外部利益相关者参与高校内部质量保障建设充分性不足的挑战。我国高校内部质量保障体系建设主要由政府政策推动,高校内部质量保障体系建设的各个方面,包括办学条件建设、教育教学改革,在传统上均需要围绕着国家政策的指挥棒来行动,教育资源配置主要由政府主导,尚未形成社会和市场充分参与高等教育资源配置的格局。尤其是随着高校规模的持续扩张,高校越来越面临着资源平均分配不足的问题。对此,高校一方面需要进一步优化校内资源配置、提高资源使用的产出,另一方面要适当引入资本和社会的资源。在此过程中,高校内部质量保障工作势必会关涉更加多元的利益相关者的需求,这就导致它与传统上的行政支配性产生了不平衡。

第二,从高校内部治理体系的视角来看,高校内部的权力机构设置决定了高校内部教育质量保障无法避免行政思维这一特点,内部教育质量保障借助层级负责制和监督机制得以实现,形成了自上而下的线性走向。而内部管理科层化以及管理层级过多都会导致管理效率低、质量信息与反馈传递路径过长等问题,不利于学校内部师生的积极和广泛参与。从教师角度而言,教师的建议和要求难以直接与监督人员对接,这导致教师只能接受来自各方的评价却难以提出自身的要求。从学生角度而言,学生对高等教育质量的感知与需求常常不能

融入高校的教育质量保障标准中去,对学生满意度的调查不深入,对毕业生的追踪调查就无法持续,导致学生的建议不受监控,难以公平客观地反映给教师。教师与学生的建议活动无法得到保障,使得这二者在教育教学质量管理中缺位,内部教育质量保障体系由此难以发挥出应有的效用。同时,高校师生习惯于"照上级指示办事"的行政思维,也会遏制他们在内部质量保障中的主动性、能动性和创造性,使得高校内部质量保障走向固化和机械式的道路。

第五章 新时代大学生人才培养教育管理的创新

第一节　大数据与大学生人才教育管理

随着我国教育事业的不断发展，大量数据信息应运而生。将大数据与大学生教育管理工作相结合，大大提升了教育管理质量与管理效率。本节将大数据与大学生教育管理创新作为研究对象，希望起到抛砖引玉的作用，并给相关工作者带来一定的启示。

依托现代化信息技术，以教育数据为基础，通过不断更新与优化创新型教育管理工作，使大学生教师的整体素养大大提升，并不断丰富了大学生教育管理理论研究。然而，现实中，大学生教育管理工作依然在一定程度上延续着过往传统的管理模式。因此，新时期，加大大数据与大学生教育管理创新研究力度就显得尤为重要。

一、大数据与大学生教育管理概念

（一）大数据概念

早在 20 世纪 80 年代，就产生了大数据概念。随着信息技术与互联网技术的快速发展与不断普及，大数据概念才被大众所知晓。所谓的大数据是一种数据集合，它呈现出数量大、数据类型多、更新速度快、准确性高等诸多特征。各行各业的数据分析人员，通过一系列的数据整合与分析工作，可以充分发掘数据的潜在价值，进而为社会进步与企业发展提供充足的数据信息支持。

（二）大数据与大学生教育管理的关系

随着我国教育事业不断发展，我国高等教育积累了大量教育管理信息。大数据时代的到来，大学生教育管理工作者逐步认识到大数据技术的重要性，并将其与大学生教育管理工作紧密结合起来。为了将大数据的信息价值充分激发出来,大学教育管理逐步改变了传统教育管理理念,并通过搭建数据平台,不断创新与优化教育管理方法。科学合理地运用大数据,教育管理者可以全面了解学生的学习情况与课外活动情况等。同时,辅导员可以通过学校建设的大数据软件,来全面了解学生的日常动态,并结合学生的实际情况建立相对应的培养方案,进而提升学生的综合素养。另外,借助大数据,可以为奖学金、助学金、优团优干等评选活动的顺利开展提供全面的数据参考,以此提升评选结果的精准性。

二、大数据对大学生教育管理的影响

(一)大数据为教育管理工作创造了良好的条件

首先,大数据时代下,教育管理工作方式逐步得到了更新与优化。借助大数据,学校可以结合学生的个体性差异,制定出富有针对性的教育方法。通过将大数据技术应用于大学生教育管理工作中,突出了以学生为本的教学理念,并实现了教学形式的多样性,为国家培养出了更多高专业素养的人才。

其次,大数据有利于创新大学教育管理方式。随着我国教育事业的不断发展,以往传统的教育管理方式的弊端逐步显现。比如,管理效率较低、管理方法过于单一等。在传统的教育管理方式中,数据处理工作多数是依靠人工处理,一旦出现人为失误,将会直接影响到数据处理的质量。同时,人工处理方式往往采取层层分管任务的方式,这不仅降低了工作效率,也影响了教育工作质量。通过将大数据应用于大学生教育管理工作中有助于管理人员科学合理地调用数据库,高效地完成管理工作。

最后,大数据提升了大学生教育管理的预见性。依托收集的数据信息,学校可以预知可能发生的问题,并提前制定出适宜的解决措施。

(二)大数据给教育管理工作带来了诸多挑战

首先,由于缺乏充足的资金支持,高校教育管理缺乏科学完善的信息化管理平台,无法有效整合教育管理信息,并影响到数据信息的使用价值。其次,大学教育管理人员的专业素养有待进一步提升。管理人员多是依靠以往工作经验与传统的人工操作方式来展开教育管理工作。而大数据时代的到来,使得数据量逐步增加,也加大了教育管理难度,只有不断地更新与优化管理方式,才可以更好地满足现实发展需要。最后,数据安全性有待进一步提升。大学教育管理工作会涉及多方面的数据信息,比如学生的个人信息。一旦学生个人信息被泄露,就会给学生造成不可预测的侵害。学校在收集信息的过程中,难免会涉及学生的个人隐私。为了充分保护学生隐私,学校就需要加大数据监管力度,并制定出健全的数据安全防范措施。

三、大数据时代大学生教育管理创新策略

(一)建立科学规范的大数据教育服务系统

首先,各个高校需要展开深入调查来全面了解学生与教师的实际需求,并结合现实需求建立起健全的师生服务系统。此系统需要涵盖学生生活与学习各方面的信息,进而帮助学校全面评定学生的综合素养,并帮助学生对自己有一个清晰的认识。

其次,学校需要不断更新与优化服务系统。这不仅可以逐步简化教育管理程序,也可以将学生的个性化特征考虑进去。借助数据统计软件,学校领导层可以全面分析数据信息,并制定出健全的措施,进一步优化教学管理。

(二)加大数据安全管理力度

只有确保数据安全,才可以更好地促进学校管理工作的顺利开展。因此,在新时期,高校需要逐步加大数据安全管理力度。具体措施如下:首先,提升基础设施安全等级。要确保数据系统与计算机等软硬件设施的安全性。对于一些关键信息的基础设施,学校需要严格遵守安全防护等级规定,并结合相应评估,来加强分层管理。其次,建立健全的信息安全预警系统。当信息面临被篡改、窃取等安全风险时,要及时启动预警系统,将风险扼杀在摇篮里。学校可以建立源头、环节与系统三个管理体系加密机制,大力提升信息的安全性。再次,要提升大学生与教育管理人员的安全防范意识。学生要通过提高自身的大数据态势感知能力、事件识别能力、应急处理能力,来确保自身信息的安全性。最后,建立健全的信息保护机制。当数据信息被滥用或者个人隐私被侵犯时,学校要给予责任人与侵权者严厉的惩罚。

(三)依托数据库,建立信息化校园

大数据时代下,各个高校都在积极进行探索,通过科学合理地利用大数据技术,形成了符合学校发展需求的教育模式,以此来促进学校与学生的共同发

展。为了更好地促进学校教育管理工作的顺利开展,学校需要依托数据库,建立信息化校园。从学校层面来讲,学校需要不断地更新与优化教育数据库,进而给学生提供全面丰富的数据支持。借助数据信息,学生可以更为精准地评定自身发展情况,学校则可以全面分析出学生的学习情况,并结合学生个体性差异,制定健全的培养策略。

(四)加大新媒体应用力度

随着信息技术的快速发展,新媒体在人们的工作与生活中得到了广泛应用。比如,微博、微信等软件逐步成为大学生常用的社交平台。因此,学校需要加大新媒体在学校教育管理工作中的应用力度。通过建立学校官方微博,可以帮助新生更好地了解学校情况。同时,借助学校官方微博,学生可以了解一些时政新闻,并吸引更多的学生加入微博宣传活动中,进而提升学校微博的影响力与使用率。在官方微博运行期间,学生可以与校领导进行积极互动,并提出具有建设性的意见与建议,帮助大学生教育管理者不断完善管理工作,进而提升管理质量和管理效率。

(五)建立健全的大学生教育管理大数据制度规范

首先,建立完善的大数据采集制度规范。各高校需要加大内部管理力度,确保收集到的基础数据的真实性与全面性,为大学生教育管理工作中大数据技术的应用提供强有力的数据支持。其次,学校需要结合信息存储情况,建立信息存储规范与设立使用标准。这样不仅可以为学校各个部门的学习信息采集工作提供强有力的工作标准,也可以提升信息共享质量,确保学生个人信息的安全。

(六)加大管理人员大数据技术培训力度

大数据技术在大学教育管理中的应用是我国教育事业顺应时代发展趋势的重要体现。大数据技术在大学教育管理工作中的应用,逐步提升了教育管理体系的科学合理性,同时简化了管理程序。然而,管理人员的专业素养将直接影响到管理质量。因此,学校需要结合现实需要,制定健全的培养策略,加大对管理人员的大数据技术培训力度,以全面提升管理人员的大数据运用技能。

大数据时代背景下,如何将大数据技术科学合理地运用到大学生教育管理工作中,就成了新时期高校教育管理工作亟待解决的事情。以上内容阐述了大数据与大学生教育管理的概念,以及二者之间的关系,并在此基础上阐述了大数据对大学生教育管理的影响以及大数据时代大学生教育管理创新策略。希望可以给相关工作者带来借鉴参考。

第二节　微时代下大学生人才教育管理

以微博、微信为代表的微时代,具有微规模性、创新驱动性、开放生态性和交互民主性的特征,改变了社会的生存状态、高校学生的思维认知和行为方式,冲击着传统高校教育管理模式。围绕微时代的"小""微"思维,从大学生的学习生活、制度设计、学术发展、专业技能、社会实践、互动平台等环境要素出发,探讨大学生教育管理生态系统的运行逻辑和组织功能,以构建和谐、多元的教育管理生态系统,强化服务育人功能。

随着信息社会的不断发展,社会生活逐渐进入了微时代。微时代以移动互联网技术为基础,以智能手机、平板电脑等便携式移动终端为核心媒介,以微博、微信等应用软件为基本载体,以微内容、微传播、微公益为表现形式,以短小精悍作为文化传播特征,充分体现了移动互联网技术和文化的高度融合。在由互联网推动的微时代中,人们的思维方式、行为方式在跳跃,我们周边的各种事物和社会管理方式亦在被"微化"。知识青年的认知和行为因此更加多元化,这为大学生教育管理工作带来了机遇与挑战。

一、微时代的特点

微规模。微时代以"微"见长,微言大义。随着社会节奏的不断加快,交往频率不断提高,话语长度却越来越短,于是微缩化的传播方式和网络语言流行起来。以微博、微信为例,"快速传播"表现在以下三方面:一是篇幅短小、字字珍贵,二是快速刷屏、吸引阅读,三是微中致广、有价值内涵。微规模的信息和内容方便获取、传播简易,这种微信息以小见大,汇聚一个个细微的思想、一条条短小精悍的消息,最终结合在一起形成强大的社会力量,进而影响大学生的思维方式和行为表现。

创新驱动。微时代促使信息技术和社会文化高度融合,创造新的发展生态,在上述过程中,创新精神得以充分体现。微时代的创新体现在以下几方面:一是理念创新,微时代秉承开放、共享的理念,以"用户至上"为中心,强调"服务用户"而非"管理用户"。二是技术创新,在宏观上,由于大数据、云计算、互联网的发展,海量信息能够通过各种技术手段及时传播,打破物理空间的障碍;在微观上,手机、掌上通信、无线网络的技术发展,使不同背景、不同思想的个体可以随时随地接收信息、参与互动,也使用户思维更加活跃。三是内容创新,微时代的信息内容紧扣社会生活实际,增强用户体验感,将复杂内容转化成碎片化、扁平化的信息以吸引用户,用互动交流的方式推动传播。

开放生态。生态是微时代重要特征之一,而生态本身就具有开放性。以微博、微信为代表的微媒体具备产生信息生态圈的条件,其生活性、即时性、便利性大大降低了信息发布和传播的门槛,每个人都可以成为自媒体,参与社会热点事件、公共事务、相关政策的探讨,发表并传播自己的观点。在微媒体中,微博和微信的生态圈特征又是有所区别的:微博可以在信息加工的基础上进行主动传播,不受关系亲疏影响,在传播中有可能形成互粉、互顶的新关系;微信的信息通常发布在朋友圈,首先传播给强关系人群,再以"滚雪球"形式由强关系人群进行进一步传播。由此可见,微博的生态系统结构是放射树枝状,而微信的生态系统结构则是圆圈加点线状。无论哪种生态系统结构,微媒体都具有生态开放的特征,有助于打破传统封闭格局,将孤岛式结构连接起来。

交互民主。微时代的充分交互性,推动了民主文化的发展。一方面,利用微媒体、微平台,学生通过私人化、个性化的语言诉说个体的情感和经历,真实表达自己对社会生活的观察理解,呈现"去中心化""消解大叙事"的后现代特质;另一方面,在网络公共空间,大学生也积极关注社会热点、国家大事。微媒体、微平台为大学生提供了参与社会事务、发表观点、表达诉求的途径和渠道,激发学生参与民主活动并表达民主意愿的动机和需要,为民主文化提供了良好的土壤。在交互性充分发展的微时代,学生的公民素养得到提升,他们开始接触民主、践行民主,沟通机制的畅通有利于消除误解偏见、增进理解和增强信任、化解危机困境,使社会关系更加融洽、人文关怀更加浓厚、民主意识更加凸显。在微时代之前,传统的高校教育管理过程是在良好的课堂、办公室环境中,通过教师讲授、学生静听这种自上而下的方式开展,具有指导性和管理性的特点,但师生互动较少。随着大数据、互联网技术的发展,微时代迅速到来。在整个教育系统中,高校作为思想活跃、知识密集、信息技术应用充分的前沿阵地,受到大数据的影响更为深刻和全面,大数据甚至已经成为推动高等教育创新发展的重要战略引擎。微时代的微规模性、创新驱动性、开放生态性和交互民主性冲击着传统大学生教育管理模式；青年学生积极参与并推动微时代的发展，网络化生活已成为当代大学生的常态，对大学生思想和行为也带来了全方位、深层次的影响。因此，本节倡导立足于微时代的特征，构建大学生教育管理生态系统，以期对大学生教育管理的各方面起到积极作用。

二、微时代大学生教育管理生态系统的环境要素

生态系统论是由布朗芬·布伦纳（Bronfen Brenner）提出的个体发展模型，该模型强调发展的个体嵌套于相互影响的一系列环境系统之中，在这些系统中，系统与个体相互作用并影响着个体发展。由于生态系统的构成要素主要包含生物要素（学生）和环境要素（制度规则、资源环境），本节将以南京 J 学院为例，结合教育类专业，重点探讨教育管理生态系统中环境要素的构成，分析大学生教育管理工作如何依托"小""微"形式，以小见大、以点带面，实现全员、全过程、全方位育人。

（一）学习生活微格化

"微格化"组织管理模式是一种以小组为单位、组内成员协作学习的学习形式和管理模式，它突出地体现了学生组织的主体性、合作性和活动性。学院拥有教师教育、课程与教学论、学科教学等 11 个教育类专业。为加强组织凝聚力，各专业化整为零，从"小"处着手，根据学科方向成立小组，每组成员 8 人左右（一般为相邻宿舍），建立 QQ 群、微信好友群，提倡"微格化"的学习生活。每个小组由党员学生或学生干部担任组长和副组长，开展专业学习帮扶活动、思想教育引领工作，关心困难同学生活，了解小组成员精神状态和心理健康状况，对于特殊问题或紧急事件，及时上报学院介入处理。学习生活的微格化管理，一方面可以增加学生的情感交流，提高内部凝聚力；另一方面也起到了学院安全阀的作用，化解矛盾、疏解冲突。

（二）制度设计精细化

1. 红色导师机制引领思想

建立红色导师机制，推动红色理论学习与专业科学研究，创新导师全程育人、全方位育人途径。成立红色导师团队，学生自由选择红色导师建立团队小组，以《红色导师"三育师心"学习记录手册》为抓手，一育党性，在导师带领下，

开展红色书籍阅读、线上线下摘录全句、撰写思想感悟,开拓学生的红色理论库建设;二育德行,通过人物访谈、红色导师播报教育等活动,了解红色导师的师道精神、教育理念,共享导师的人生经验,弘扬师道的力量;三育创新,在导师引领下,开展红色沙龙、手绘党章、撰写微语录等活动,在经典中创新形式、启迪思维,加深学生对于科学思想的理解,认真踏实并具有创新性地坚持教育事业。最终从党性、德行、创新三方面实现教学相长、师生共进的目标。

2.综合测评体系考核细化

构建和完善学生的综合测评系统,发挥综合测评系统的导向功能。根据目标管理理论,管理效能＝方向目标×工作效率,如果目标方向错误,效率越高,管理效能反而越差。因此,有必要建立起学生综合测评的总体管理目标及在其之下的各子目标,从整体上把握目标管理的正确方向。正确发挥系统导向功能,在新生入学时就提出综合测评的考评指标和测评方法,制定具体可行的目标,激励学生采用自我指挥和承担责任的形式,引导其自身综合素质的提高。学院学生综合测评分三级指标体系,包含宏观、中观、微观三个层次,运用将定性和定量相结合的方法开展科学测评,把评估过程录入网上综合测评系统,并进行动态监测。

(三)线上线下微学术

与传统学术讲座不同,在微学术"小而精"的形式下,学生成为学术主体。微学术从"朋辈交流""文理互融""名师对话"三个维度展开。第一,"朋辈交流"维度。各专业学生围绕教育内容,讨论与本学科紧密相关的沙龙话题。第二,"文理互融"维度。采取文理互融方式,文理科生互相交流,培养文科生逻辑思维、理科生人文思维,以文理联通的方式,使学生在学习方法、个人志向、职业规划等方面得到启发。第三,"名师对话"维度。邀请国内外教授、一线教学名师分享学术思想,让学生与大师交流对话,切身感受师风师德的力量。在沙龙过程中亦可利用微信上墙等网络形式开展师生实时互动,沙龙结束后将学术资源进行网络共享,最终通过微学术活动,促进学生发现问题、研究问题、解决问题等学术能力的提升。

(四)微课竞赛练技能

以训练和提高教育类学生的教学设计能力和授课能力为目标,开展微课竞赛。微课包含正常课堂教学的全过程,涉及情境导人、概念阐释、理论迁移与应用、课堂反馈、小结与反思等环节,授课内容往往只有一个知识点,"小而全"是其主要特征。10 分钟左右的微课不但需要将一个知识点讲透,使学生对授课内容有深刻的把握,而且对所截取的片段也要有所要求,应当能体现出重点、难点,同时具有亮点。对于比较优秀的微课讲解,录成视频后共享网络平台,推动普通学生利用网络资源开展学习行动,提高自身素质和技能。通过"小""微"形式,让学生在短时间内展现精华授课,提高教育类学生的教师技能,为学生的职业生涯打下扎实基础,同时利用微媒体的传播功能,推动学生整体共同进步。

(五)星火行动微实践

结合所学专业,学生于社区和学校两个实践主阵地展开教育实践和服务,主要包括四点钟课堂实践、小学科学社团和传统节日文化活动。第一,开展四点钟课堂实践,为社区留守儿童提供基础教育服务,推动素质教育和爱国主义教育的有机结合;第二,培育小学科学社团,在学校社团课上开设以科学引领发展的一系列科学课程,在寓教于乐中提高儿童的科学意识、培养儿童的科学热情和兴趣,同时也培养高校学生的服务奉献意识;第三,举办传统节日文化活动,在清明节、端午节、中秋节等传统节日开展文化活动,让学生对优秀传统文化有更深层次的了解和认同,培养人文精神,坚定文化自信。通过丰富实践活动体系、创新"小""微"实践活动等形式,运用微媒体开展宣传和互动,带动更多学生积极参与。

(六)小微平台资源共享

积极打造学院微信公众号、微博公众号、QQ 群和学生教育管理的易班App、一站式事务中心等。通过"小微媒体",扩大新闻和活动通知的覆盖面。第一,微媒体推广可以让各类新闻报道以及通知的形式更加生动,贴近学生生活,拉近与学生的距离,增加学生的关注度。第二,借助微媒体平台的强大聚合作用,吸引不同资源形成育人合力,将政策文件、授课内容、活动程序、测评反馈等教育因素融合到"小微平台"中,充分发挥网络媒体的吸引力和渗透力,实现多元化资源共享。第三,利用教育管理的"易班"App 和一站式事务中心让学生参与自我管理、自我服务,提高服务效率;利用微博、微信、QQ 完成线上互动和答疑解惑,增强学生的民主意识,促进和谐校园文化的形成。

综上所述,微时代下以微博、微信等软件为主要传播媒介的微媒体、微平台正迅速占据学生群体,对高校学生教育管理工作的方方面面产生影响。高校需要结合学生实际情况，紧跟时代发展、主动创新，积极构建大学生教育管理生态系统。系统的构成要素主要包含生物要素（学生个体）和环境要素（制度规则、资源环境），结合微时代特征和专业特色，高校可以从学生个体维度（德智体美劳全面发展）、制度规则维度（学习生活微格化、制度设计精细化）和资源环境维度（学术发展、专业技能、社会实践、互动平台等）率先更新观念和载体，丰富内容和方法，从而构建大学生教育管理生态系统，创新"微时代"下大学生教育管理的新思路、新局面。

三、大学生教育管理生态系统的运行逻辑

生态系统理论的核心要素包括个体和环境。该理论认为，环境是"一组嵌套结构，一个嵌套在下一个中，就像俄罗斯套娃一样"。换言之，就发展的个体而言，从直接环境（如同伴、家庭、学校）到间接环境（如社会文化），各环境系统彼此嵌套，每一个系统都与其他系统以及个体交互作用，最终从不同方面影响着个体发展。该理论亦聚焦个体对环境的"适应性"，以及个体在适应环境过程中所运用的、与环境匹配的"动态均衡"及"互惠"的手段和方法。目前，国内关于生态系统论的研究大致集中于两类：一是从生态系统论的视角研究特殊群体，如针对自闭症儿童教育、老年人口照顾制度、反抗性儿童产生机制的研究；二是结合创新创业，探讨政府、高校和企业的"双创"系统构建。相比之下，对大学生教育管理生态系统的学术关注则较少。

（一）大学生教育管理生态系统的三层维度

根据生态系统论的观点，把学生作为主体，置于一个多层次、立体化的教育管理环境系统中，学生与系统中的各要素在交叉互动中发展。学院教育管理生态系统有三个维度和七个要素。首先，学生个体维度，关注学生成长需求，以培养德智体美劳全面发展的社会人才为目标，关注学生核心素养，关心学生身体和心理健康；根据学生的需求导向，有针对性地为他们的成长成才创造条件、优化环境、配置资源、搭建平台。其次，制度规则维度，包含学习生活（微格化）、制度设计（精细化）两大要素，微格化仅是一种学生空间关系的再分配，更是权和责的再落实，微格化管理对学校教育管理部门提供友好透明渠道，通过多层渠道体系实现信息有效利用和资源优化配置；而合理的制度设计在微时代动态复杂背景下，有助于实现多组织目标协同和导向驱动，降低学生管理和服务的复杂性，提高教育的有效性。最后，环境资源维度，既包含第一课堂的内容，如学

术发展(微学术)、专业技能(微课),也包含第二课堂的内容,即社会实践、互动平台。第一课堂是教育主阵地,体现专业性、学术性,第二课堂是第一课堂的延伸,体现实践性、开放性,两者围绕人才培养目标,有效对接、双向互动;第一、第二课堂的系统结合,能够增强学生自主学习能力,引导其树立科学的人生价值观,培养创新创造精神,提升综合素质,发挥两种课堂协同育人的功能。系统中的学生个体、制度规则和环境资源三层维度由于组成上的差异,使不同维度的要素在系统中的地位、作用、结构和功能呈现等级秩序,形成了不同质性的系统等级,对应体现了生态系统论中的微观系统、中观系统和宏观系统,而不同维度的子系统又有不同的功能。合理有效的制度规则要素同涵盖第一、第二课堂的环境资源要素围绕学生主体地位,以三维度立体化结构形成有机整体,共同构成教育管理生态系统。教育管理生态系统还呈现出学生和环境要素(制度规则、环境资源)之间的相互作用和影响,有效地将学生主体与外在环境要素的关系通过图示呈现出来,厘清了资源要素之间能量的流动和各要素的关系本质。七大要素相互联结、相互依赖,每一要素在以弱关系的方式影响着其他要素的同时,又以强关系的方式影响着学生个体。

(二)大学生教育管理生态系统的自组织功能和服务功能

在学生与环境互动这个前提下,要满足学生德智体美劳全面发展的需要,以立德树人为根本任务,环境必须提供足够资源,并鼓励人与环境做"正面积极的互动"。因此,提升学生综合素质时,学生与教育管理生态系统环境要素的互动状态是我们关注的焦点之一。也就是说,学生的需要是否能有效地满足取决于学生与这些环境要素之间能否有效地协调互动。在现实运用中,我们发现学生的需求未能满足或学习生活产生障碍,其主要出于以下几点可能的原因:环境中的资源不足,资源要素未能有效协调,因缺乏有关的知识和技巧使学生未能获得所需的资源,学生与环境之间未能成功"互动"。因此,我们要利用微时代的开放生态和交互民主的特征,着重整合互动平台(小微媒体),发挥系统的自组织功能和服务功能。

系统的自组织功能是指开放系统在内外因素的作用下自发组织起来,使系统从无序到有序,从低级有序到高级有序;生态系统各要素相异性的存在,导致非平衡态的出现,并通过使系统与外界环境不断进行能量、信息交换,创新系统的自组织功能。大学生教育生态系统是一个动态结构模型,包含四个组成部分,即服务对象(学生)、教育管理部门、互动平台、线下资源;形成了七个渠道:一是信息发布渠道,二是信息反馈渠道,三是信息上报渠道,四是信息更新渠道,五是资源配置更新渠道,六是服务渠道,七是双向互动渠道。由此可见,教育管理部门与服务对象(学生)之间存在多层互动,包含直接互动和间接互动,其中起核心作用的是互动平台(小微媒体)。互动平台一方面为学生提供大量信息和资源,利用新媒体推动资源整合和信息矩阵传播,利用"易班"App和一站式服务中心,简化学生办事流程,提高运行效率,发挥信息化优势;另一方面将学生的问题和需求及时反馈,上报教育管理部门,促进线上资源整合、优化配置,线下项目延伸、服务拓展,提高教育管理的质量,保障服务的可持续性,实现大学生教育管理生态系统的自组织功能。

大学生教育管理生态系统的构建是一种需求导向的"服务、效率与资源共享",这与微时代的特征有高度一致性。大学生教育管理生态系统的自组织功能可以有效协调资源不足、资源配置不合理等问题,另外通过互动平台和线下资源开展相关知识和技能的有效传播,为学生个体和环境进行"正面积极的互动"提供可能。基于学生的需求导向,除了常规的环境要素(制度规则维度、环境资源维度)可以开放共享以外,资源配置更新后的环境要素不仅能够为学生提供更多专业化服务、满足个性化需求,还能借助互动平台建立学生的利益表达机制和协调机制,自下而上地理顺教育管理中的师生纽带关系,方便教育管理部门及时掌握学生动向,有效解决管理难题。借助大学生教育管理生态系统,通过资源共享、快捷反馈和高效服务来应对传统教育管理僵化和低效的问题,推动教育管理由机械的管控功能向积极的教育服务功能转变。

四、大学生教育管理生态系统的启示与建议

(一)倡导开放平等的教育理念,构建和谐教育管理生态系统

在微时代背景下,由高校党政干部、专职教师、辅导员和班主任等组成的大学生教育管理工作核心队伍要加强理论学习和技能拓展,不断促进自我思想认识转变和知识结构更新,同时加强小微媒体等互动平台的操作技能,倡导开放包容的教育理念,推动师生共同进步。在传统教育管理模式下,教师在教育过程中处于权威主导地位,是知识和权力的主要掌控者,而学生则处于被动接受、被管理的地位,缺乏与教育管理者平等交流的机会。大学生教育管理生态系统创设了虚拟与现实共存的环境,其创新驱动和开放生态性的特征为发挥教育合

力创造了条件。教育管理者由传统主导地位转型为引导服务者,发挥着积极性、主动性和创造性,教育者与学生地位平等,把数字化网络教育和传统课堂教育相结合,走入大学生群体的内心,融入其生活,从他们的实际需要出发对其提供引导和支持,提高教育管理的丰富性。小微媒体的互动平台一方面为教育管理者提供了课堂之外融入大学生生活和真实内心世界的沟通交流平台,使其能够及时了解学生的思想动态、心理健康、学习状态、热点关注、需求评估等各方面情况;另一方面也建立了全员育人的平台,所有教育管理人员都可以在互动平台上与学生互动交流,及时掌握网络舆情、化解矛盾,对大学生进行正面引导和教育,实现全员全程全方位育人,构建和谐的教育管理生态系统。

(二)引入微时代网络思维,构建多元教育管理生态系统

网络思维强调"用户至上",将微时代网络思维运用到大学生教育管理中,就是要树立"以生为本,重视个体"的人本主义思想。个体的尊重需要位于马斯洛需要层次理论中的较高层次,是否满足学生需求是教育管理工作能否取得实效的关键。通过互动平台的数据反馈和分析,综合了解学生思想状态和实际需求,为学生"用户"提供更加优质的教育管理"服务"和"产品",具体有以下三方面要求:第一,遵循大学生成长规律和高校育人规律,利用小微媒体,把握教育管理的发展方向,在教育管理生态系统的教育内容、方法、制度规划、学术发展、实践环节、活动载体、互动平台、评价标准等项目的设计和实施方面,都要立足于解决大学生的思想和实际问题;第二,在构建多元教育生态系统的过程中要尊重学生在教育管理过程中的主体地位,在为学生提供系统的信息和教育资源基础上,要强调学生具有自身的特点和需求,重视情感因素、校园文化育人作用,不断充实和完善教育管理生态系统的层次和内容,与时俱进;第三,引导学生通过教育管理生态系统,开展自我教育、自我成长,最大限度发掘学生的主动性,积极参与教育管理过程,引导学生对网络信息自主收集查找、过滤筛选和实践应用,引导其做出正确的价值判断,推动民主文化发展,构建多元教育管理生态系统。

(三)整合资源开启"智慧微生活",强化教育管理生态系统服务育人功能

大学生教育管理生态系统以信息化、制度化、层次化为手段,在关注广大学生的普遍需求基础上,借鉴"小""微"形式,把教育管理的焦点聚集到满足学生的差异化需求上,强化教育管理的育人服务功能。针对大学生日常生活中大量"碎片化"时间和小微媒体实时传播、无缝衔接的特点,大力整合资源,推进教育管理生态系统建设和完善。合理开发教育生态系统的多层次内容,利用小微媒体整合学习生活、制度建设、学术素养、专业技能、社会实践等线上线下、校内校外资源,引入时效性强、具有指导性的教育内容,传递青春正能量。在微时代背景下,教育管理要将思想教育的引导性和微媒体传播的规律性有机结合,把"大知识"转化成通俗易懂、贴近学生实际的"小道理",增加亲和力、针对性,嵌入学生"智慧微生活",将传统教育管理的理论化知识以鲜活化、碎片化的信息形式吸引学生,用互动化、社区化的方式提高传播和学习效率;打造鲜活生动的小微媒体互动平台,搭建教育管理者和学生交流学习的互动空间,邀请高校领导、学术权威、教育专家、网络大V加入互动平台,营造积极向上的网络文化氛围;充分拓展网络平台,利用微博、微信、易班App、一站式服务中心、QQ群等"微平台",开展有针对性的舆论引导,积极回应学生呼声、答疑解惑,关注学生动态,循序渐进、螺旋上升式地开启学生"智慧微生活",加强服务育人功能。

第三节 "三位一体"大学生人才教育管理

辅导员负责学生的思想政治教育和日常管理事务性工作,班主任负责指导班风和学风建设及学生的个人发展和人生规划等,导师则主要负责了解所在课题组的学生的思想动态及学习状态,并负责对自己团队内学生的学业知识和科研活动进行专业性的辅导。充分调动辅导员、班主任和导师的积极性,形成三位一体的大学生教育管理新机制,有利于提高教育管理水平。

辅导员队伍是高校大学生思想政治教育和管理工作的骨干力量,传统的单一由辅导员从事学生教育和管理的工作方式在高校大学生管理中的不足和短板已经凸显。近年来,许多高校在学生教育和管理工作中提出了新的思路,充分发挥资源优势,先后引入班主任制和导师制,从而形成辅导员—班主任—导师三位一体的学生教育与管理的新模式,该工作机制能够有效弥补传统单一辅导员工作体制的不足,提高学生教育和管理的效率。要建设以辅导员为骨干、班主任和导师为补充的三位一体的学生教育和管理队伍,实现"1+1+1>3"的教育和管理效果,仍然有很多工作需要探索。在新的形势下,需要分析辅导员、班主任和导师制工作机制面临的新机遇与新挑战,在此基础上,探讨三者合力协作的教育管理新模式,以提高学生教育管理工作的效率。

一、单一的辅导员工作制度的不足

高校辅导员大都比较年轻、有热情,方便与学生沟通,能够及时了解学生的所想所需。但是,现行的单一辅导员工作体制也存在着明显的不足,主要表现在以下几个方面:首先,辅导员受学校、学院、学工系统及团委等多部门领导,工作范围广、涵盖面大、任务重,大部分时间都在处理日常琐事,很难有精力和时间专门处理学生思想政治教育方面的问题和工作。其次,辅导员队伍不稳定,流动性大,而且由于工作量比较大,导致很多工作难以有效开展或深入实施,因此导致了辅导员难以专心地开展学生的思想政治教育和管理工作。再次,目前很多高校一般都是一名辅导员带一个年级中多个不同专业和班级的学生,辅导员自身专业很难和学生专业相同,因此,对于专业方面的问题,如学业指导、未来发展和职业生涯规划等,辅导员很难给学生提供合理的意见和建议。最后,现在大学生群体状况也逐渐出现了新的变化,由于高校相关制度和工作体制的改变及人才市场需求的变化,大学生相比以前面临着更大的经济、就业和学习等多重压力。

因此,如何解决高校规模不断扩大、学生问题不断增多与辅导员队伍力量相对薄弱的矛盾,是摆在很多高校面前亟待解决的现实问题。

二、三位一体的学生教育管理工作实践

(一)三者的职责及分工

在以辅导员为学生教育管理骨干的基础上,再为不同专业班级的学生配备一名班主任,为每一个科研小团队配备一名专业导师。其中,各专业班级的班主任和科研小团队的导师均是从学生所在专业的教师中择优选拔。为了更好地完成对大学生的有效教育和管理,出现了以辅导员为骨干、班主任和导师为补充的三位一体的工作模式,三者既分工明确,又相互协作。

辅导员是大学生日常思想政治教育与管理工作的实施者、组织者和指导者,发挥着"辅"与"导"的作用,是高校专职从事思想政治教育工作的教师,主要负责大学生的思想政治教育、日常教育管理,培养和促进学生全面发展,并完成学校所规定的各项管理工作任务。其工作职责主要包括思想政治教育、心理健

康教育、团学活动与组织建设以及学生就业管理等。但是,总的来说,高校辅导员工作日益繁杂,不仅包括对大学生思想政治和理想目标等的指导教育,还包括对大学生人格品质的教育和帮助。因此,辅导员既要对学生内在心理健康进行清楚地把握,又要对学生所处的学习环境和条件给出正确的评估,还要处理好学生的日常事务和管理服务等多方面工作。

班主任一方面在课堂上是教学工作的实施者,另一方面在学生教育管理上又是班集体的组织和引领者。在班级管理工作中,班主任工作重点包含班风建设。班风是一个班级的风气、班级学生的思想和人际关系等多方面综合的反映,班主任要使班集体形成一种良好的学习风气和氛围,应发挥好带头和指导作用。班级管理工作,班主任要树立"学生为本"的管理思想,营造民主的氛围,引入竞争合作机制,创建民主、和谐积极的班集体。学生成长成才职业生涯规划。班主任应当引导学生对大学期间的学习、生活进行总体的规划和设计。与以思想政治教育工作为核心和以情感为主的辅导员工作不同,班主任主要是以学生的学业发展指导为主。因此,如果说辅导员工作的重心是以情感教育为主的德育与美育,班主任工作则是以引导教育为主,更侧重德育与智育。

大学生导师制是高校借鉴研究生管理方式而引入的一种大学生教育管理新模式,在很大程度上弥补了辅导员在学生个人专业技能培养方面的不足和学生教育与管理中所缺少的个性化的东西,为培养创新创业型人才打下坚实的专业基础和提供可靠有力的保障。与班主任制度相比,导师制的工作重点是解决学生的专业化和个性化发展问题,其任务是着重解决学生在个性化和专业化发展的过程中所遇到的方向性及学以致用和传承创新等更深层次问题。导师利用自身的专业优势,启发和引导学生去主动学习和获取与自身发展密切相关的专业性知识,导师的主要工作职责决定了导师不再局限于课堂上传授专业性知识,同时在学生管理中,也组织、启发、引领学生自主发展。因此,如果说辅导员工作是以情感教育为主、班主任工作侧重以引导教育为主,那么导师制则体现的是以专业化教育为背景的因材施教。

(二)三位一体的协作模式

打造一支以辅导员为骨干,班主任和导师为补充,三者有机结合的强有力的学生教育和管理工作队伍,为提升大学生的综合素质而共同出力尽责,这一管理模式越来越受到各大高校的重视。这种模式的具体分工如下:辅导员主要负责学生的思想政治教育、心理健康教育和日常管理事务性工作,组织学生参与团学活动与建设等;班主任只负责一个行政班级的班风和学风建设、专业知识、学生的个性化发展、长远目标和人生规划等方面;导师则主要负责其课题组几名学生的思想动态及学习,负责对自己团队内学生的学业知识和科研活动进行专业性的辅导。辅导员与班主任、导师三者的工作重心不同,三者在工作上既有交叉,又互相补充。

首先,要建立并完善相关选拔及考核制度。班主任应选拔工作积极性高和责任心强的专业教师担任,大学生导师应挑选科研能力突出的讲师职称以上的教师担任。同时在建立相应的考核制度时,应当注重工作的成效和学生的反响,要对辅导员、班主任和导师的工作给予公正和客观的评价,制定相应的激励和奖励措施,以提高他们在学生教育管理工作中的主动性和积极性。其次,明确各自的岗位职责。三位一体的学生管理模式要以辅导员为纽带,串联班主任和导师开展工作。工作过程中,班主任和导师应围绕与学生专业相关的问题开展工作。最后,建立三向沟通机制。良好的沟通是开展协作的基础。作为学生工作的主要管理者,辅导员掌握着最为全面的学生信息,这些信息不仅要传达给学校学生工作部和学院等上级管理部门,同时应该将掌握的学生信息及时地传达给相应学生的班主任和导师,方便他们有针对性地给予学生及时的辅导和帮扶。班主任和导师同样也应将掌握的信息和发现的问题及时传达和反馈给辅导员,这有助于辅导员清楚地了解班级或学生的情况,方便他们能够更加有针对性和有目标地开展指导和管理工作。班主任和导师应定期召开班级和科研团队的会议,必要时邀请辅导员参加。辅导员与班主任、导师应定期进行工作交流和沟通。

大学生的教育和管理是一项重要、复杂而又精细的工作,在具体的工作过程中,应建立有效的工作机制,不断创新工作方法,切实解决与学生密切相关的实际问题;应充分调动辅导员、班主任和导师三者工作的积极性,只有三者各司其职、各尽其责、协同合作,才能更好地做好大学生的思想政治教育和管理工作。

当然,在具体的学生工作中,辅导员、班主任和导师不能分工过于细化,而应本着以学生为本的思想,尽力帮助学生解决问题。在实际工作过程中,辅导员、班主任和导师三者应做好沟通和协调工作,发挥各自的优势,共同为学生思想政治教育和管理工作及高校的人才培养创造有利的条件和营造良好的氛围。

第四节　新媒体背景下大学生人才教育管理

信息时代,网络媒体已经普遍受到热捧,大学生已是"低头族"中的重要组成部分,无论是在校内,还是校外都能看见大学生玩手机的身影。因此,高校工作者要加强在此方面的管理,结合大学生的爱好特点将新媒体的优势发挥出来,借助新媒体通道对大学生开展教育和管理,提高他们在新媒体氛围中的综合素养。

近年来,互联网覆盖范围越来越广,再加上智能手机的普及,为新媒体盛行提供了外在和内在条件,使它成为这个时代的新宠。大学生是社会中最特殊的群体,大学校园又相当于一个微型社会,很容易受到外界信息的影响。在当下大学生的生活中,新媒体已然成为大学生生活的主阵地和大学生接收信息的主要来源,在一定程度上使其实现了"足不出户,尽知天下事",但也占用了大学生大部分时间和精力。他们越来越依赖各种媒介,并通过各个新媒体获取信息来丰富自己的生活。作为高校教育者,需要紧跟时代潮流,结合新媒体的特点,对大学生进行个性化教育。

一、新媒体在大学生生活中的应用现状分析

(一)新媒体的应用现状

新媒体充斥着大学生的生活,虽在一定程度上丰富了他们的生活内容,但也造成了许多不良的影响。大学生每天利用新媒体浏览信息的时间在三小时左右。新媒体因其使用方便、信息丰富的特点赢得了大学生的青睐。无论是通信,还是信息浏览,新媒体一直是最受大学生欢迎的选择。

大学生喜欢追求新奇,因此在新媒体上浏览的信息主要包括明星舆论、生活娱乐和各种知识,同时对社会热点的主动关注程度有一定的提升,大多数学生会在新媒体上浏览社会新闻或者关注国际事件。尤其在社会热点问题探究上一般不会盲目跟从形形色色的评论,而是尊重已有的媒体态度。有的大学生会利用网络查询资料,获取校园动态,甚至通过新媒体分享自己的兴趣爱好和生活动态,又或者在此平台上宣泄自己的情绪。

(二)大学生在新媒体应用上的态度

新媒体是建立在网络环境中的虚拟世界,规避了人们面对面交流的尴尬和

拘束,因此颇受人们的喜爱,特别是大学生对新媒体的应用更是达到极致。微信、微博等已经成为大学生日常交往的有力工具。他们认为智能手机拉近了彼此之间的关系,朋友圈点个赞、微博互相关注是一种别人在乎自己的表现。为此较多人热衷点赞和大面积关注他人。生活实用类 App,像美团、滴滴等,也成为大学生生活中离不开的工具,大学生甚至将社交视频类 App 作为一种日常消遣。有相关调查显示,大部分学生在新媒体利用上会保持理智,注重隐私保护,尊重他人权益,只有一小部分学生会沉迷于此,在思想和行为上出现偏差。此时就需要高校教育工作者落实管理,帮助大学生科学、合理地使用新媒体。

二、新媒体给大学生带来的影响

(一)新媒体应用给大学生带来的正面作用

首先,新媒体中信息来源广泛,丰富了大学生的认知,在很大程度上提升了其知识的高度。其次,新媒体中的教育平台为学生提供了新的学习方式,学生不用再依靠教师的亲自传授,能够进行自主学习,还可以实现个性化学习。再次,新媒体中虚拟化的网络世界使学生在交流中放下顾虑,在思想表达上更直接真实,促进了学生之间的交流。最后,互联网的广泛应用也丰富了大学生的社交网络,有助于人际关系的拓展。

(二)新媒体应用给大学生带来的负面影响

首先,新媒体占用了学生大部分自主学习的时间和精力。其次,零碎化的新媒体信息会打破学生原本知识的完整性。再次,娱乐性新媒体容易让学生沉迷,不利于自制力的培养。最后,虚拟化交往特点减少了学生与教师面对面沟通的机会,长时间接触新媒体会弱化大学生的沟通能力,不利于对其社交能力的培养。此外,新媒体中许多虚假信息会影响大学生价值观养成。结合以上种种问题和原因,高校教育者要进行大学生教育管理,利用新媒体独特的优势,采取科学合理的管理方法来提高工作的实效性。

三、新媒体背景下的大学生教育管理措施

(一)借助新媒体打造教育阵地

微信、微博、微视等媒介.是大学生获取信息的主要渠道,大学生的思维比较活跃,也喜欢接受比较前卫的、多种多样的教育方式,而新媒介的运用提供了活泼、新颖的教育元素,一方面,管理工作者要充分利用新媒体打造教育阵地,

如教育工作者可以建立为学生服务的微信公众号并开放图书馆自习座位查询、借阅查询、课表查询等功能,用大学生喜闻乐见的语言发布校园动态及学习生活指南。除此之外,定时推送一些网络热文,通过课堂或者班会进行交流和分析,从而提高学生的信息甄别能力。另一方面,可以在公众平台上开展辩论、竞赛等活动,学生可以以团队的形式完成整个活动的选定、策划,从而锻炼学生的信息处理能力。当然,在借助新媒体平台打造教育阵地的同时要注意引导学生学会合理使用,杜绝网络沉迷,同时要注重现实生活中的教学,让学生明白信息化工具的使用只是对各个能力的提升起到辅助作用,并不是主导作用,能力的培养还是要将线上线下结合。

(二)提高大学生的新媒体素养

新媒体不单单是包括社交类,还有购物类、视频类、生活实用类、新闻资讯类以及当下盛行的社交视频类、游戏类等。丰富多彩的新媒体占据了大学生的日常生活,改变了大学生的交流方式。在此种环境下,"素养"一词在高校教育中显得尤为重要,它能够培养学生正确的感情认知,使学生树立正确的世界观、人生观、价值观,使其能够在新媒体背景下独善其身。因此,教育工作者要加强对学生新媒体素养的培养,可以从素养渗透入手,利用新媒体传播素养知识,让学生学习和思考如何正确看待媒介信息,学会抵制信息的负面影响,从而确保学生在新媒体应用过程中能够得到有益的教育。此外,可以直接从新媒体内容制作的角度出发,鼓励学生将学习生活中有趣的事通过各种媒介传播出去,与别人进行友好交流,学会新媒体的正确使用。无论从哪个角度着手都要以新媒体素养教育为基础,引导学生学会对形形色色的信息进行甄别,感受新媒体带来的正能量,运用新媒体让自己融入社会,增强社会实践能力。

(三)利用新媒体创新管理工作方式

大学生的教育管理工作离不开新的管理手段和管理模式,只有不断进行创新研究才能真正提高管理工作的效率。新媒体蕴含了海量的信息,教育工作者可以筛选优质的教学资源,将好的教学视频放到学习网站上,让学生领略不同风格的授课方式,实现学生线上多元选择。另外,新媒体交互软件的使用为教师与学生的沟通提供了多元化渠道,教师可以根据不同学生的性格特点、兴趣爱好打造"特殊课堂"。快手、抖音、微视、美拍等视频分享软件的普及也促进了学习方式的创新,可以从学生的关注点出发鼓励学生制作关于学习的短视频,潜移默化地开展思政教育,从而提高学生学习的主动性。创新教育管理工作方式最主要的是利用新媒体特征丰富教育信息,使大学生教育管理工作做到与时俱进。

(四)加强监测及反馈机制的创建

新媒体在教育管理工作运用的过程中必须加强动态信息检测与反馈机制的创建,主要包括对论坛、网站、微信等各个平台的检测,确保信息的教育意义和传输通道的流畅。管理人员不仅要具备监督职能,更要有一定的反馈职能,对上传的敏感信息进行甄别和筛选,尤其是对当下主流信息的采集,必须严格把控,本着实事求是的态度在教育管理工作中促进大学生的身心健康发展。这就要求管理人员分工明确,从上级党委到下级学生干部,各个部门及工作人员要做好协调,积极展开管理工作,从而形成一个完整的联动、协调机制,将对学生在浏览和传播信息过程中的监测落到实处。

(五)正确引导校园信息,确保学生舆论

学生大部分时间还是在学校,所以教师需要对校园中的网络信息进行正确引导,充分发挥指导员及党团组织的作用,帮助学生正确甄别信息,保证新媒体发挥有益的教育意义,促进大学生"三观"的形成和心理健康发展。管理人员要深入大学生群体,与学生进行沟通交流,从而掌握大学生对待新媒体的态度和心理活动,以便有针对性地利用新媒体传播媒介引导信息的正确传播,使信息与学生的兴趣、生活、特点相贴合。最好的方式是管理人员建立自己的新媒体交流平台,如博客、论坛,鼓励学生关注信息动态并积极参与互动,这样就拉近了师生之间的距离,便于集中对大学生进行教育管理。

新媒体时代冲击着高校大学生教育管理工作,在管理过程中既不能断绝学生对新媒体的接触,也不能放任学生"遨游"在新媒体的潮流中,应该紧跟时代步伐,采取科学有效的管理方法,充分发挥新媒体的优势,加强对学生新媒体素养的培养,使其树立正确的价值取向,保证大学生在新媒体背景下健康成长。

第五节　"互联网+"时代大学生人才教育管理

2015年7月,国务院下发的《关于积极推进"互联网+"行动的指导意见》明确指出,将"互联网+"纳入国家战略,以互联网为基本要素与经济社会各领域结合。这当然也包括教育领域,并鼓励高校深入开展"互联网+"行动,打造网络化大学生教育管理工作新模式。"互联网＋"是一种新的经济运行和社会管理模式，它把网络和传统管理模式有机融合，创造出一个全新的发展领域。2019 年 8 月 30 日，中国互联网络信息中心（CNNIC）发布的第 44 次《中国互联网络发展状况统计报告》指出，截至 2019 年 6 月，中国网民规模达到 8.54 亿人，其中，受过大学专科及以上教育的网民占 20.2%，互联网已经成为大学生群体进行沟通交流的重要途径。网络上的信息良莠不齐，对于大学生群体来说，这些信息不仅影响着他们的学习生活，还会影响他们的思想和认知，所以引导大学生正确认识和使用互联网就成为大学生教育管理的重要工作之一。面对新的"互联网＋"时代，传统的模式已经不再适应当前的形势，大学教育管理工作者需要创新教育管理模式，主动适应"互联网＋"时代的发展要求，提高大学生教育管理工作的实效。

一、"互联网＋"时代对大学生教育管理工作的意义

大学生教育管理工作从一般意义来说，就是高校的管理者通过管理组织和管理制度对校内的学生事务进行管理，协调优化高校教育资源，最大限度地实现教育管理目标的管理活动。随着高校的发展，传统的教育管理工作模式已经满足不了"互联网＋"时代对大学生全面发展的需要，这就要求高校管理者不断地进行研究，探索新的管理模式。"互联网＋"时代的到来，对大学生教育管理工作提出了更高的要求，大学生教育管理工作也迎来了新的机遇和挑战。要打破传统的教育管理方式，创新探索新的方式方法，将互联网技术应用在大学生教育管理工作中，使教育管理工作更加科学化。

（一）"互联网＋"为大学生教育管理工作提供了更便捷的信息获取平台

大学生教育管理工作需要了解学生的日常生活、学习和思想情况，了解学生的发展动向，并从中找出与教育管理目标的差距，然后对教育管理方式进行改进调整。互联网信息采集功能为大学生教育管理工作提供了更便捷的信息获取平台，对学生的学习行为及学习进程等进行全面分析，根据数据呈现的规律性，给予学生有针对性的指导，提升学生的学习效率。高校教育管理工作者通过互联网可以获取更多的关于大学生教育管理的工作经验和心得，学习新的工作方式和方法，提高工作效能。

（二）"互联网＋"提高了大学生教育管理工作的针对性

互联网可以为教育管理工作者在进行对于学生问题的研究探索中提供较

为便捷的数据资料获取途径。高校教育管理工作者对大学生要有思想引领的能力,要了解学生的思想动态。互联网舆论对学生的影响越来越大,高校教育管理工作者必须运用好互联网,发挥好自身在学生教育管理中的作用。互联网提供的数据可以使教育管理工作者更清晰地了解当代大学生思想的波动状况,对大学生进行有的放矢的思想引导和教育,帮助大学生树立正确的世界观、人生观和价值观。

(三)"互联网+"提高了大学生教育管理工作的实效性

由于电视报纸等传统媒介的传播能力弱化,大学生获取信息主要通过互联网的各大平台。同时,互联网信息传播快捷和信息放大化的特点,使微小的事情也可能在互联网上广泛传播引起社会热议,这使学生更习惯于从互联网上获取信息。因此,高校教育管理工作者一定要把握住互联网信息传播可以使管理工作的效率提高的特点,通过互联网与学生互动,提高教育管理的影响力和实效性。

(四)"互联网+"增强了大学生教育管理工作的感染力

互联网技术的快速发展,使互联网信息的传播方式不断发生改变,传播能力更强,传播方法更简单。互联网的信息传播方式从最原始的文字,发展到图文形式,再发展到现在的短视频形式,其内容更简洁,方式更容易让人接受,感染力更强。大学教育管理工作对网络技术的应用,不但可以提高教育管理工作的效率,而且使大学生的教育管理工作由静态转变为动态,从单一的书面文字转变为丰富的图文、视频等多种方式,使大学生教育管理工作更加多样化,更富感染力。

(五)"互联网+"推进了高校素质教育的发展

高校素质教育的主要目标是使大学生在思想道德修养、专业文化学习、体育锻炼、美育欣赏等多方面得到发展,同时注重大学生的个性化发展和兴趣培养。互联网丰富的内容形成的网络文化深深地影响着大学生群体,主流的网络文化更符合当代大学生的文化需求,大学生在互联网上学习到了不同的文化,开阔了眼界,增加了自身的知识储备。许多性格内向的大学生在互联网上可以更加自由开放地与他人进行交流,提高自身的独立性和交际能力。互联网在教育管理中可以更大程度地推动素质教育的发展。

二、"互联网＋"时代大学生教育管理工作存在的问题

"互联网＋"虽然近几年发展迅速,但是发展周期短,在互联网应用的各个领域,包括大学生教育管理工作中存在着许多的问题。

(一)高校网络化团队水平不高

随着互联网技术水平的不断提高,在大学生的教育管理工作中,互联网技术的应用不再只是通过互联网下发通知,而是对大学生的教育管理工作有了更高的要求,但不少高校缺乏网络教育管理的专职人才,这使得高校在大学生教育管理的互联网建设中存在滞后性。同时有的高校在互联网的使用规范等方面还存在诸多问题;互联网资源整合与价值挖掘还处于学术研究阶段,实践探索内容很少;还有很多高校虽然建设了比较完善的互联网系统,但由于缺乏互联网技术与实践操作的专业技术人员,导致很多设备和功能不能被充分利用,大学生教育管理工作效率并没有得到多少提高。

(二)高校教师的网络素养不能满足整合各种教育资源的需要

在"互联网＋"时代,做好大学生教育管理工作需要具备较高的网络素养。保证高校教师可以在"互联网＋"时代能够在复杂的信息条件下对形势做出判断,同时通过掌握熟练的互联网技术提高工作效率。随着互联网设备的不断更新和技术应用范围的不断扩大,与高校教学相配套的互联网教学设备已经相当完善,但是在高校教学中互联网技术应用却并不广泛。任何制度和体系都需要人去维护,任何工作都需要人去操作完成,所以高校教育管理工作质量的提高最终还是要落实到人上,但是当前高校优秀的网络管理人才缺口较大,教师还未完全适应"互联网＋"时代形成的新的教学环境,没有及时更新教育理念,无法付诸实践,因此互联网技术即使被应用到实际教学当中,教师也不能灵活自如地运用,也很难达到预期效果。要增强大学生教育管理工作的实效性,这个问题必须得到切实的解决。

(三)互联网使大学生价值多元化

过去学生获得的信息都是通过课堂等主流渠道,而这些信息往往都是经过层层筛选的,以弘扬社会正气、传播社会主旋律为主。互联网的开放性使得信息来源渠道广泛,传播得更广、更快,多元的思想文化和价值观念在互联网上不断传播、交汇。"互联网＋"时代的到来,使各个国家和民族的文化和价值观念

以及思维方式都会在互联网上广泛地进行传播,大学生在新鲜感和好奇心的驱动下,将大量的时间和精力都放在手机和电脑上,大量庞杂的信息充斥着大学生的头脑。社会环境的复杂多变、多元文化的交汇,使大学生在沉浸在网络的世界的过程中很容易受错误思想的引导,对自己的人生观、价值观、世界观的形成产生不确定性。

(四)互联网使大学生沉迷网络

在"互联网＋"时代,大学生在学习到新知识的同时,很多自控能力差的大学生也沉迷网络不能自拔,这严重影响了他们在学校的正常学习和生活。互联网虚拟化的环境容易让意志力和自控力不强的学生陷入其中无法自拔。网络游戏、视频对于大学生的冲击力是很大的,大学生更容易使自己沉迷于虚拟的世界中。互联网在信息传播快捷的同时,还形成了一种"快餐式"文化,"快餐式"文化使大学生在学习的过程中情绪浮躁,对于知识的学习浅尝辄止并且缺乏理性的思考。大学生在"快餐式"文化的影响下,不仅不能全面发展,反而失去了逻辑思维能力和对事物的探究精神。同时,互联网信息的隐蔽性使得大学生群体不知道用什么样的方式方法来维护自己的合法权益,造成很多大学生被网络诈骗,甚至还有个别大学生因缺乏法治观念,在互联网上当黑客传播网络病毒。

三、"互联网＋"时代大学生教育管理工作的创新途径

大学生教育管理工作的主要目的是培养人才。"互联网＋"打破了传统的教育管理方式,对当代大学生的教育管理工作提出了挑战,同时互联网本身具有的特点为大学生教育管理工作的发展改革提供了机遇。互联网开拓了大学生教育管理工作的新空间,提高了大学生教育管理工作的效率。

(一)构建高校专业化的网络管理队伍

如今互联网管理模式已进入校园,高校应培养大学生的互联网思维方式,接受互联网教育管理服务模式,高校教育管理工作者如何树立收集、整理、分析、利用互联网资源的思想意识非常关键。在"互联网＋"背景下,高校要提高大学生教育管理工作能力和水平,必须对教育管理人员进行互联网技术的培训,提高教育管理工作人员的互联网思维意识和应用技能水平,同时完善高校教育管理工作网络系统及高校学生数据库,进而提升高校教育管理工作的网络

化能力。因此,我们要制订培养专业人员的长远计划,培养专业的高校互联网教育管理团队,使互联网技术发展与大学生教育管理工作融为一体,为高校的可持续发展奠定坚实的基础。

(二)加强高校校园网络文化建设

高校首先要注重校园的网络文化建设,改变传统的教育管理理念。在"互联网+"背景下,高校学生与社会接触的机会越来越多,社会化程度也越来越高,注重校园网络文化建设,将学校办学理念和教育管理工作方法通过校园网络进行传播引导,有利于提高校园文化对学生的影响力,对学生的学习生活起到积极的推动作用。高校网络文化建设要注重潜移默化的引导作用,应当使其渗透到每个学生心中,真正达到教育的目的,注重学生全面和个性化发展。

(三)创新高校网络教育云平台

高校在正常教学授课的同时,要建立网络教育云平台,建设网络教学的主阵地,对学生进行正确引导。网络教育云平台的建设更适合当代大学生,在进行网络教学的同时,要将政治思想教育融合进来,使网络教育云平台成为对学生进行政治思想教育的方式之一。让更多的正能量和主流思想占据网络空间的主导地位,对学生进行积极正确的思想引导,同时提倡、鼓励高校教师改变传统的教育教学模式,把更多的授课视频上传到网上,运用互联网技术进行视频授课,这样不仅可以增强教学的感染力,提高学生在教学授课时的参与度,还有利于使教学内容以网络化的形式进行传播,打破传统教育模式的局限性,比如慕课、微课。大规模开放在线课程教学方式对高校教育具有深远的影响,这样有利于改善高校教学资源不均衡的现象,提高教学的整体效果。

(四)以"互联网+"为依托培育大学生的核心价值观

大学生应树立正确的思想观念,坚定走社会主义道路的信念,才能承担起中华民族的伟大复兴的历史重任。"互联网+"时代改变了传统的教育生态,催生了新的教育环境,大学生能够接收到更加多元化的信息。针对当前"互联网+"背景下的大学生多元化价值取向,高校更应该把社会主义核心价值观的培育作为工作的重中之重,创造出"互联网+大学生思想政治教育"的新生态,促进高校思想政治教育工作改革创新。高校思想政治教育工作者应顺应时代发展,转变教学观念,统筹考虑,整合队伍,树立"三全育人"教育理念。利用"互联网＋"的优势与思想政治教育进行融合创新,借助网络新媒体对大学生进行核心价值观教育,扩展知识分享范围,让大学生认真学习其中的意义和内涵,引导他们树立正确的价值观,以此培养出更多的优秀人才。

(五)构建线上线下相结合的大学生教育管理模式

"互联网＋"时代,大学生教育管理工作者借助大数据手段对大学生进行充分的了解后制订教育计划,把教育管理工作的实效性发挥到最大。教育管理工作者需要通过将线上教育宣传和线下宣讲相结合的方式,对大学生进行思想引导和心理疏导,培养学生的集体意识和奉献精神,同时引导学生进行职业生涯规划,让大学生通过线上的学习对自己有一个整体认知,线下与学生加强沟通,提供合理化建议,注重对学生的人文关怀,从以教学为本转化为以人为本,做到尊重学生、关心学生、服务学生。开通高校法律安全宣传互联网端口,进行法治思想的传播也是大学生教育工作的一项重要内容。近几年,大学生被网络诈骗以及大学生网络犯罪的案件时有发生,主要原因是大学生法律意识淡薄、法治意识不强。所以,要加强对大学生的法治教育,以增强大学生的法律意识。

随着"互联网＋"观念的不断深入,高校对大学生教育管理工作制度和模式进行改革势在必行。由于互联网的普及和高校学生对互联网的高频率使用,只有将互联网与高校的大学生教育管理工作创新相结合,才能不断提高大学生教育管理工作的效能。

第六节　柔性管理理念下的大学生人才教育管理

柔性管理是一种以人为中心的人性化管理。本节在反省当前学生思想政治工作中刚性管理弊端的基础上,提出了内在重于外在、个体重于群体、肯定重于否定等一系列的柔性管理方法,旨在促进学生主动性、创新性和情感的发展,追求一种更完美的管理境界。

随着社会发展和科学技术的进步,以人为本的学生管理将成为一种必然趋势,它是深化教育改革和培养人才的需要。现代高校学生管理必须高度重视学生的主体地位,要在管理工作中处处体现和渗透"以人为本"的观念,强调情感管理和学生自我管理,这样才能真正实现以人为本的高校学生管理。

一、柔性管理的内涵和特点

管理学中的"柔性"一词,是以儒家文化为核心,强调以人为本、以德为先。所谓柔性管理,是相对于刚性管理而言的,是指以对人的管理为核心,以"人性化"为标志,是"在研究人们心理和行为规律的基础上采用非强制方式,在人们心目中产生一种潜在的说服力,从而把组织意志变为人们自觉的行动"。它主张关心体贴、启发引导、循循善诱、耐心帮助,体现了以人为本的思想,带有浓郁的人文色彩。与刚性管理相比,柔性管理具有人本性、高效性、感应性、适应性和渗透性等优势。

在学生管理工作中,应用柔性管理时要充分注意学生的差别,承认学生在智力、社会背景、情感和生理等方面存在的差异性,了解其兴趣、爱好和特长,并根据社会要求和其能力水平对其进行教育,使之得到发展,而反对强求划一式的教育。情感是影响人们行为的最直接的因素之一,在现代管理中,情感管理是以人为本管理的重要内容,它通过情感的双向交流和沟通实现有效的管理。在大学教学管理中实行情感管理,就是要用管理者的真情去换取教师、学生的真情,树立强烈的集体意识,营造出一种互相信任、互相关心、互相体谅、互相支持的氛围,这样才能提高管理工作的有效性。

一般来说,柔性管理主要有教育、协调、激励和互补等职能,这是由柔性管理的特殊性所决定的。由于这些优势体现了人性化的特点,因此,对学校的师生而言恰似一种能深入人心、触及情感的"柔化剂",在我们倡导以人为本、进行人文关怀、构建和谐校园的今天,柔性管理无疑是一种现代的文明智慧,是关注人的个性的高级管理。

高校是培养和输送人才的重要阵地,始终担负着为社会培养高素质的建设者和接班人的神圣使命。因此,高校历来都十分重视学生管理工作,投入大量的人力、物力和财力,并不断壮大学生管理工作队伍和建立并健全学生管理机制和管理制度。虽然建立并健全各种规章制度是强化学生管理的一个重要保证,是确保高校学生管理工作有序进行的前提条件。但现行的学生管理基本以刚性管理为主,管理者更多是运用规章制度去约束人,在教育管理中强调遵章守制,做沟通、理解的工作少;学生违规违纪后采取处罚手段的多,实施耐心教育的少;问题发生后才去重视的多,防患于未然的工作做得少;平时交流指导得少,批评、发号施令的时候多;等等。

高校学生管理工作与学校的其他工作目标是一致的,都是为社会培养人才。高校学生管理工作者制定统一的管理准则,然后用这个准则作为一把"标尺"来衡量学生、评价学生,而不去考虑学生的个性。刚性管理把学校当成一种"理性"组织,习惯用行政手段推动工作,过多地强调学校组织的权威性、等级性以及各种行为的规范性,却忽视对学生情感、价值目标和行为标准等柔性因素的培育;刚性管理过多地强调一种自上而下的管理,忽视自下而上的管理和横向的沟通与协调,把学生当成了只靠组织制度、经济奖惩就能调动的"机械人""经济人",忽视社会性、文化性、情感性等因素对学生自我教育、自我管理、自我表现、自我服务、自我激励的作用。

因此,在管理与被管理过程中,应该大胆放手让学生在管理过程中扮演重要角色,在一定框架内允许被管理者充分发挥自己的个性特长。一些知名的高校管理在这方面已经取得了较好的成果。

二、管理手段的简单化是开展高校学生管理工作的一个瓶颈

高校学生管理者直接面对的是学生,站在学生管理工作第一线,所面对的学生群体较为庞大,日常事务繁杂,尤其是随着高校的扩招这种凸显的矛盾愈加突出,工作应接不暇,很难去做周密细致的教育管理工作。再者,有些学生管理工作者在制定规章制度时主观武断,从未把人性化作为基本出发点来考虑,为图方便、简单、省事,不想做过细的教育管理工作,采取容易操作的简单的行政命令手段,通过"管、控、压"的方式方法对待学生,至于学生想什么、怎么想、学生愿意不愿意、高兴不高兴、管理工作是否到位、管理效果是否明显,他们往往没有太多的兴趣去考虑。

三、柔性管理在大学生教育管理中的运用

(一)坚持内在重于外在的原则,充分激发学生积极性和主动性

对大学生的管理方法一般分为外在管理和内在管理两种。外在管理主要通过校纪校规等刚性制度对大学生的行为进行管理,这种管理带有明显的强制性和不可抗拒性。它对稳定校园环境、维护校园秩序无疑是必要的、有效的。而内在管理主要是采用潜在的、润物无声的方式,在学生中形成深刻、持久的影响,启发他们自觉地行动,使其明辨是非。这种柔性管理方式具有明显的感情色彩,能发挥情感的凝聚功能,关心爱护、尊重学生,使他们从被动的接受者转

变为主动的选择者,不断扩大学生参与管理的渠道,发挥他们在教育管理中的主体作用,最大限度地调动他们的积极性和主动性。

(二)坚持个体重于群体的原则,充分尊重学生的个性发展

群体是指由若干个体组成的集合,个体则是这个集合中单个的人。柔性管理用于群体和个体的过程中,其方法和过程是不一样的。用于群体往往是一般号召,造成舆论,产生轰动效应;而用于个体往往是潜移默化的,要求点透人心,深刻而具体。具体的教育管理面对的是群体,但出现问题特别是出现重大问题的往往是个体,而这种个体会对群体造成不可忽视的消极影响。因此,教育管理工作必须承认个体的复杂性和特殊性——他们有不同的志向、爱好和需要,有不同的性格、追求和态度,有不同的知识、技能和潜能,管理者若不从这些方面入手去厘清个体的复杂性、特殊性,就很可能会误用有关规章制度的一般原则,错误地批评这些本来行之有效的方法,甚至因不能及时被发现和处理的潜在矛盾而导致发生不该发生的事。所以,尽管一切外在的管理措施的制定都是针对所有的人,但在贯彻落实的时候恰恰又不能以同样的力度去影响所有人,否则,矛盾的主要方面就会转化为个体,虽然这一部分个体为数不多,但是他们却往往成为组织实施目标的障碍,只有解决了他们的问题,才能组建一个和谐、融洽、同心协力的集体。

(三)坚持肯定重于否定的原则,充分运用精神激励的方法

在教育管理过程中常常会遇到评价人的问题,这是一项非常困难的工作。大学生正处于特殊的年龄段,其心理与生理的特征决定了他们的心与言、言与行经常表现出不一致性。但大学生都希望学业有成、人际关系和谐、自己的所作所为得到赞赏或至少被认可,进而得到社会的接纳。因此,在评价一个大学生的时候,如能充分肯定其成绩,不仅会给他树立明确的是非观念,还会为他继续提高成绩增加信心。在此基础上,再指出其不足,不仅合情合理,还易于引起本人的思考和接纳。因此,在日常的教育管理中,管理者应及时对一些进步学生做出肯定的评价,使学生的每一次进步都成为事实,使他们在成功的愉悦中不断提高自信心和积极性,看到前进的希望和方向。

(四)坚持身教重于言教的原则,充分发挥管理者的榜样示范作用

在大学生教育管理工作中,管理者一般运用言教来正面灌输正确的政治理

论和思想道德观念，以此来规范大学生思想行为。毋庸置疑，作为宣传主张、灌输观念的言教在大学生的初始教育过程中是必需和有效的。但在完成了教育的初始阶段后，要让学生把各种观念付诸行动，做到知行统一，管理者的榜样示范作用更为重要。因为大学生普遍具有一定的理性思考和通过现象看本质的能力，他们最反感只会说不会做或说一套做一套的教师或管理者，对于他们而言，效果最好的莫过于是管理者在举手投足间的表率作用。为使身教更好地发挥效应，首先，管理者必须加强自身形象建设，不断提高自身的影响力，努力培养过硬的思想政治素质、高尚的职业道德素质，积极构建更合理的知识、职能结构，树立起令大学生信服的形象。其次，必须时时提醒自己，尽可能地避免影响形象的事情发生。

（五）坚持柔性管理与刚性管理相互影响、相互渗透的原则

柔性管理与刚性管理似乎是两个极端，但在教育实践中，两者是辩证的统一体、是相辅相成的。因为刚性管理强调的是外在的规范，是强制性的，它使学生管理工作过程有章可循，使其在评价时也有统一的标准，目标明确，可操作性强，但容易陷入机械化和简单化之中。柔性管理则弥补了它的不足，它是对刚性管理的完善、补充，是在具备刚性管理框架的基础上，管理思想和管理方法的升华，它可以最大限度地发挥人的主观能动性和创造性。这两种管理模式虽然在外部特征上有所区别，但它们在要实现思想政治教育目标的本质上是一致的。刚性管理是管理工作的前提和基础，完全没有规章制度约束的管理必然是混乱的，其柔性管理也必然丧失立足点；而缺之一定的柔性管理，刚性管理小难以深入持久。随着社会发展和科学技术的进步，现代高校学生管理必须高度重视学生的主体地位，在管理工作中应处处体现和渗透柔性管理，强调情感管理和学生自我管理，才能真正实现以人为本的高校学生管理。

第七节　创新型语言服务人才培养教育管理

随着我国经济和文化"走出去"战略的强力推进和全方位、多层次、宽领域对外开放格局的形成，特别是"一带一路"倡议的提出和实施，语言服务已经渗透到经济、文化、科技等各个行业和领域。迅速增长的语言服务需求，必将进一步推动我国语言服务业的全面崛起。语言服务业应高度重视超学科协同创新，促进产学研一体化,应以语言的超学科探究和功能化应用为途径,不断驱动经济、社会、文化、科技等领域的创新发展。语言服务人才的培养也是如此,以提升语言服务能力和创新能力为基本目标的多元协同培养模式是未来语言服务人才培养的必然走向。

笔者结合政用产学研协同创新的基本构架,提出构建创新型语言服务人才培养协同机制,以期丰富语言服务人才培养的相关研究,为创新型语言服务人才培养实践提供参考意见。

一、创新型语言服务人才的内涵

在定义创新型服务人才之前,有必要厘清外语人才、翻译人才和语言服务人才这几个概念之间的关联和区别。黄振定认为,创新型外语人才大致可以分为单科研究型和复合应用型,并认为这一分类是基于"外语"这个概念,是学科和技能双重内涵的统一。[①] 简单来说,单科研究型人才和复合应用型人才的核心差异在于前者以学科的学术研究为使命,而后者以实践应用见长。从概念的内涵上看,语言服务人才与翻译人才、复合应用型外语人才有较多重叠之处,二者都凸显语言的应用性和实践性。但是,语言服务人才又不等同于传统意义上的翻译人才和复合应用型外语人才。语言服务人才除具备良好的语言技能、跨文化交际能力外,还必须具有与语言服务相关的行业知识和职业素养。因此,语言服务人才具有更加丰富、更加明晰的职业特征,愈加凸显语言服务社会发展的功能和属性。从概念的外延上来说,语言服务人才的涵盖范围更为广泛,翻译人才、应用型复合人才等只是其中的一部分。除涵盖翻译人才、应用型复合人才外,还涵盖了为语言服务行为或活动提供各种行业支撑、技术支持的人才。这是由语言服务的跨界性和渗透性所决定的。

基于上述分析,笔者给创新型语言服务人才下一个基本的定义:具有创新意识、创新思维、创新精神和创新能力的能够胜任语言服务业相关工作岗位的专业性、应用型和职业化的人才。创新型语言服务人才的素质结构应该包括:具备过硬的外语技能和良好的跨文化交际能力,具备复合应用型的知识结构,通晓人力资源、财务管理、贸易营销、文案处理等与语言服务相关的领域的基本知识,具备语言服务的专门知识和职业素养,具有创新意识、创新思维、创新精

---

① 黄振定.创新型英语人才培养刍议[J].外语教学,2013(1):61-64.

神和创新能力。

需要强调的是,从外语人才、翻译人才到语言服务人才,变化的不仅是人才的涵盖范围和称谓,更折射出了从人才专业化到人才职业化的转变趋势。我国社会经济文化发展在目前和未来所需要的语言服务人才,最终将主要依托于高校外语专业、翻译专业来培养。如何培养合格的语言服务人才,如何培养创新型语言服务人才,恰恰是高校外语专业、翻译专业的人才培养面临的巨大挑战,也是今后很长一段时期的努力方向。鉴于语言服务人才的专业性、应用型、职业化等特征,语言服务人才的培养又注定是一个系统工程,不是单单依靠高校就能做成和做好的,还需要市场驱动,需要辅以相关的机制和政策法规对其提供制度保障。

二、政用产学研协同创新对创新型语言服务人才培养的意义

政用产学研协同创新就是指通过整合政府、企业、高校、科研机构、目标用户等构成要素,促进创新主体发挥各自的资源优势,实现优势互补,产生系统叠加的非线性效用。作为一个创新生态系统,协同创新的主要特点在于整体性和动态性。它强调的是在整体性和动态性的前提下,最大限度地整合系统构成要素的创新资源和创新优势,最大限度地促进其紧密合作,使其服务于共同的发展目标。

基于协同创新的整体性和动态性特点,政用产学研协同创新对于创新型语言服务人才培养有以下几个方面的潜在优势:第一,有利于实现人才培养过程中多元主体的整体协同。语言服务人才的鲜明特征决定了其必将依赖多个主体在培养过程各个环节的切实参与、密切合作和协同创新,并通过高校之间、高校各部门之间的协同合作,形成语言服务人才必备的专业性和综合性知识结构;通过整合行业、企业等主体的资源,在实践中培养和提高学生的服务能力、创新意识、创新思维和创新能力。第二,有利于实现人才培养过程中多元主体的动态协同。政用产学研协同创新是一种动态的创新系统,它的构成要素及其合作方式不是一成不变的。在此基础上,创新型语言服务人才培养才可望把以市场需求为导向的理念真正落到实处,让语言服务业的需求成为创新型语言服务人才培养的目标和导向。第三,有利于形成人才培养、人才评价、人才继续教育的立体化协同,促进语言服务人才培养模式的根本性变革,促进创新型语言服务人才队伍的建设和发展。

三、政用产学研:创新型语言服务人才协同培养机制

随着国家协同创新战略的不断深化和推进,协同创新已经成为新时期高校的一个非常重要的办学战略和办学理念。创新型语言服务人才协同培养就是要打破高校原本统一的、固定的传统模式,根据自身条件和学科专业特点设定人才培养目标,形成与之相应的课程体系、教学管理模式、考核评价方式等。通过构建协同创新中心,有效汇集政府相关职能部门、高校、企业及行业机构等创新主体的力量,突破各主体间的壁垒,充分整合和利用各创新要素,从而实现深度合作,形成创新型语言服务人才协同培养的新模式。作为一项系统工程,需要高校与人才培养其他相关主体、高校与高校之间、高校内部各部门之间切实有效地进行广泛协作,需要有效的机制来维系其开展。结合政用产学研的内核、人才培养机制的构成要素以及创新型语言服务人才的特征,笔者认为,可以从人才培养计划与行业需求反馈协同机制、跨校跨学科课程协同机制、校内教学与实践教学协同机制、多元考核评价协同机制、学历教育与毕业后再教育协同机制等几个方面来构建创新型语言服务人才协同培养机制。

(一)人才培养计划与行业需求反馈协同机制

人才培养计划与行业需求反馈协同机制是指以协同创新为基本原则,打破各高校根据自身条件和学科专业属性来设定人才培养方案的传统模式,通过建立面向市场的行业人才需求反馈机制,及时跟踪和了解市场对语言服务人才的新需求和新变化,把当前和今后的语言服务行业对人才的需求纳入学科专业调整、人才培养方案修订的基本依据范畴,使市场需求成为人才培养的基本指南之一。

通过成立语言服务人才教育指导委员会,汇集了高校、有用人需求的企事业单位、语言服务行业的企业及相关机构等方面的力量,依据语言服务的内涵和语言服务人才的特点,明确语言服务的专业属性,构建语言服务专业知识体系和树立语言服务人才的培养目标,并让其全程参与到语言服务人才培养方案的制订和修订、课程体系的改革和构建、教学的组织与实施、人才的考核与评价等过程,确保学生的知识结构、能力培养、素质提升与行业需求、岗位需求对接,构建高校语言服务人才培养新体系。

(二)跨校跨学科课程协同机制

跨校跨学科课程协同机制是指打破现有的院校、学科、专业之间的壁垒和

界限,建立以创新型语言服务人才培养为导向的跨校跨学科的课程协同机制。跨校跨学科课程协同机制主要通过以下途径或措施来实现。

第一,根据语言服务专业知识体系构建语言服务专业课程体系,调整现有学科和专业结构,构建强化外语技能和跨文化交际能力、注重宽广的知识结构和语言服务职业技能、突出创新思维和创新能力培养的课程体系,全面培养学生的专业技能和职业素养,全面提升学生的创新能力。第二,鼓励和引导组建跨学科的语言服务类课程共享平台,创造有利于这一新兴交叉学科发展的环境。以语言服务人才培养为立足点,加强对外语、翻译、管理、财会、文秘等学科相关内容的立体交叉与深度融合,突破外语专业人才培养的传统模式,搭建语言服务人才的复合应用型知识结构的培养平台,使课程设置能够切实符合语言服务行业对人才的需要。第三,努力创造条件,允许学生按照语言服务专业课程体系的规定,实现跨专业甚至跨校进行自主选课,有效汇集和充分发挥各高校的专业特色、学科优势和课程优势。另外,要创造条件使学生在自主选课时既能遵循语言服务类课程体系的要求,又能在教师的指导下结合自身实际情况做出选择,使课程安排能够兼顾语言服务人才培养的固有需要和学生的个性化需求。

(三)校内教学与实践教学协同机制

校内教学与实践教学协同机制是指基于协同创新的基本规则和语言服务的固有特性,围绕语言服务课程体系,通过整合校内和校外教学资源打造教学团队,深化现有的校内教学改革,推进实践教学的有效实施,促进校内理论教学与实践教学的密切结合,形成二者相辅相成、相得益彰的协同效应。

第一,转变教学理念,改革校内课堂教学。逐步在教学中确立教师和学生的双主体地位,广泛利用丰富多样的教学资源,倡导翻转课堂模式在课堂教学中的应用,组织学生参与各项学习任务,发挥学生的主观能动性,培养学生的创新能力和探究能力;形成以素质和技能培养为基点、以职场需求为导向、以实践为手段的教学模式,培养学生扎实的理论基本功和基本的应用能力,为实践教学打好基础。第二,把实践教学纳入语言服务专业教学大纲。一方面,引进用人单位或语言服务机构的从业人员、技术专家承担职业课程和实践性课程的教学工作,并让他们与高校教师合作指导学生的语言服务实践和毕业实践。职业化语言服务人才的培养并不仅仅是高校的职责,用人单位及语言服务企业都责无旁贷。另一方面,把实习见习纳入语言服务类专业教学大纲,使高校、翻译服务企业、用人单位共同参与实践教学,通过定期接收实习生、见习生,使学生有机会身临其境地了解和认知语言服务行业的岗位状况及其对从业人员的能力素质要求,提高学生的实践能力。

(四)多元考核评价协同机制

多元考核评价协同机制是指根据创新型语言服务人才培养参与主体多元化的特点,改变传统的以学生在校学业成绩和相关资格(水平)考试为主的单一的人才质量评价标准,确立高校、实习单位和行业机构等多元评价主体的地位,构建从课业成绩、资格(水平)考试、教师评价、社会评价等多个维度进行评价的协同机制。

一方面,要建立对学生在校期间的综合评价体系,其评价内容不仅要包括学生的课程成绩、知识体系,而且要包括思想道德素质、身体心理素质、创新能力等方面的内容;另一方面,探索有效的社会考核评价系统,包括学生自评、导师评价、服务受众评价、行业机构评价等多个评价维度,对学生在实践教学和实习期间的实践能力、创新能力、自我管理能力等能力进行综合评价。

(五)学历教育与毕业后再教育协同机制

学历教育与毕业后再教育协同机制是指顺应语言服务人才成长的特点和需要,建立语言服务类不同层次的全日制学历教育、继续教育以及各种形式的非学历研修和培训等体系,真正把对创新型语言服务人才的培养打造成一个系统工程。

第一,在现行的高等教育体制下,逐步完善和建立语言服务类分层次的学历教育,包括本科、硕士、博士等不同学历层次,培养语言服务业不同层次、不同类型的人才,以适应社会、经济、文化建设和发展的需求。第二,借鉴西方发达国家在职业化翻译人才培养方面的经验,依托政府相关职能部门及行业机构的力量,构建语言服务类继续教育在线平台及探索定期培训研修项目等毕业再教育的长效机制,方便语言服务类人才在工作期间接受培训,为语言服务人才的持续成长提供必要的教育资源。

创新型语言服务人才的培养是一项系统工程,需要高校、政府相关职能部门、用人单位、行业机构广泛协作,共同参与。积极探索创新型语言服务人才培养协同机制,既顺应了人才培养的政用产学研一体化的趋势,又能满足社会、经济和文化发展对语言服务的迫切需要。笔者从理论层面探讨了协同创新视角下的创新型语言服务人才培养的协同机制,提出了构建人才培养计划与行业需求反馈协同机制、跨校跨学科课程协同机制、校内教学与实践教学协同机制、多元考核评价协同机制、学历教育与毕业后再教育协同机制等具体措施,以期为高校外语、翻译专业加快改革和完善人才培养模式提供参考。至于什么是实现该协同机制的有效方式、各参与主体在人才培养的过程中究竟应当如何不断优化自身定位等问题,仍有待于进一步研究。

第六章 新时代大学生人才培养教学创新

第一节 大学生人才培养教育的"教-学"

一、人才培养教育的"教-学"关系

"教-学"关系是人才培养教育的基本矛盾关系,贯穿在四年教育的全过程中。正确认识与理解"教-学"的关系,是有效实施人才培养教育的关键。

(一)"教-学"关系的教育意义

1."教-学"关系的逻辑表达

"教-学"关系是由教育者(教师)与受教育者(学生)组成的关系,在这一关系中,教育者、受教育者都是教育过程的主体,但两个主体所承担的任务是不同的,有时甚至是矛盾的。因此,调节"教-学"的关系以使其更加和谐就显得至关重要。

从人才培养的教育角度出发,一方面,"教-学"关系的和谐是良好教育的前提与基础,需要教育者、受教育者双方的协同努力;另一方面,"教-学"关系的矛盾与冲突又是教育提升的助推器,如果在教育过程中没有"教-学"关系的矛盾与冲突,教育就成了一潭死水。因此,"教-学"的矛盾关系在一定意义上对人才教育具有重要的指导意义。"教-学"关系可以用图 6-1 表示。

图 6-1 "教-学"关系

由图 6-1 可见,"教-学"关系由三个子关系构成:首先是教育主体子关系,它是由两个客观主体(教育者与受教育者)组成的;其次是教育过程子关系,它是由教的活动与学的活动组成的;最后是执行子关系,它是教育主体子关系与教育过程子关系的桥梁。这三个子关系既相对独立,又相互关联,共同组成了人才培养的教育活动。

2."教-学"关系的价值取向

《学记》所提倡的"教-学"之和谐(教师与学生之间的和谐、教师的教与学生的学之间的和谐),对"教-学"关系的价值取向仍有较大的参考意义,也就是说,"教-学"价值取向上的和谐是人才培养的根本。

如何理解"教-学"关系的价值取向? 价值是主体以自身的需求为衡量标准对客体意义产生的认识,体现了主体与客体之间的一种关系。客体的属性是价值的基础与载体,而主体的需求又使得客体的价值得以体现,由此便产生了教学的价值观。教学的价值观在人才培养的教育过程中主要体现为教育者对教的价值的认识与追求,以及受教育者对学的价值的认识与追求,这种对教的价值和学的价值的认识与追求就是"教-学"关系的价值取向,如果两者达到了统一与和谐,这时的教育就是和谐的、有效的,此时的人才培养教育系统可以实现高效运行的效果,教与学的效果达到了最理想的状态。

(二)"教-学"关系的常见范式

"教-学"关系是一种较为复杂的关系,没有统一、固定的范式可遵循,根据"教 学"关系的价值取向及教学实践,参照张荣伟的《论"教"与"学"的五种关系范型》一文,现将"教-学"的常见关系范式总结如下。①

1.少教多学的"教-学"关系范式

少教多学的"教-学"关系范式是在 21 世纪批判多教少学的基础上形成的。人才培养教育的四年时间是固定的,在传统的多教少学的"教-学"关系中,教师教的时间长了,学生学的时间势必会减少,这也就是传统知识传授的"填鸭式"的"教-学"关系。为了在教育过程中充分体现学生的主体地位,同时发挥教师的主导作用,少教多学的"教-学"关系应运而生。随着网络与信息技术的发展,少教多学的"教-学"关系被越来越多的人所接受,实施该范式时要考虑如下四

---

① 张荣伟.论"教"与"学"的五种关系范型[J].教育发展研究,2012(10):50-56.

个方面的问题。

首先,利用各种教育资源载体,如各种在线课程、虚拟现实教学、数字图书、数字工厂等,构建恰当而丰富的知识图谱与知识内容体系,为少教多学提供教学保障。

其次,教师要把课堂转化为学堂,加强对学生学习方法的指导,注意培养学生既爱学习又会学习的品质,让学生在"教-学"的过程中学会学习。

再次,搭建有效的教学体系,教师要精心设计"少教",在教学过程中充分承担起组织者、引导者的责任,对教学不要事事求全,要讲在关键处,要讲深讲透,要能够启迪学生的思维,帮助学生理解知识的来龙去脉,达到最佳的教学效果。学生的"多学"是指学生在教学过程中要经过不断努力,对于自己能明白、能理解的知识可通过自学掌握,而对于自己难以理解的关键知识点则需要在上课过程中加以重点关注,充分发挥自己的主动性。

最后,要关注的是,"少教"追求的是教的效率,注重的是教的质量而非数量。因此,针对"少讲"的教学内容,教师应运用多种有效的教学措施来激发学生的学习兴趣,培养学生的学习能力与素养。

2. 先学后教的"教-学"关系范式

教学不仅是指人才教育活动,实际上也代表了传统教育的活动秩序,因此就有了先教后学与先学后教这两种"教-学"关系。

传统的先教后学的"教-学"关系是一种"师教-学受"式的教学关系,在这一关系中,教师处于主导地位,学生则处于被动的学习地位,对教师处处依赖,这显然不利于学生的成长,因此,充分发挥学生学习的主动性成为人才培养教学的关键。

先学后教的"教-学"关系实质上是一种"指导—自主"式的教学关系。在这种教学关系中,学生处于主动地位,学生先是通过自学发现问题、提出问题,然后带着对问题的思考去获取教师的"教"。教师则根据学生的问题,有的放矢地"教",充分发挥教师的引导作用。这就使得"教-学"关系变得更加和谐,教学质量得以不断提升。

在先学后教的"教-学"关系中,由于先"学"的压力,学生与教师都面临着极大的挑战。对于学生,在教师没有讲授之前,其需要根据旧的知识学习新的内容,通过寻找各种学习方法、查阅相关参考资料等,分析、总结并提出学习问题。

这样的先学过程使学生感受到了"学"的压力,刺激了学生的学习心理与行为,锤炼了学生的意志。对于教师,"教"再也不能随心所欲,不能照搬教材,因为学生在先"学"的过程中产生的学习问题需要通过教师的"教"来解决。教师为了"教"好,就必须融入学生的先"学"之中,及时掌握学生的学习问题,并针对这些问题进行教学设计、教学实施与教学检验。这样的压力会促使教师不断学习、不断研究,不断提升自身的教学能力。

3.以学定教的"教-学"关系范式

以学定教的"教-学"关系的本质就是从"以学生为中心"出发,将传统的"以教为中心"的教学活动向"以学为中心"的教学活动转移,开展以学生需求为导向的有效教学。也就是说,教师的"教"必须满足学生的需求,指向学生的"学",最终落脚到学生的"学",促进学生学会"学"。

以学定教的"教-学"关系凸显了对于学生"学"的关注,并由此产生了由"教"向"学"的重心转移。这反映了"以学定教"教学活动的逻辑秩序,为"教-学"关系的和谐奠定了基础。

以学定教的"教-学"关系是将"学"视为教学的主体与目的,而"教"则是为了激发学生的学习潜能、促进和完善学生的学习过程而进行的辅助性、支持性、配合性的教学活动。因此,从支配与被支配的关系出发,教师的"教"要围绕学生的"学",一切教学目标的设计、教学策略与教学内容的选择、教学方法与手段的运用、教学实施与评价等,都是为了学生的"学"。

由联合国教科文组织国际教育发展委员会编著的《学会生存·教育世界的今天和明天》一书指出:"我们应使学习者成为教育活动的中心,随着他的成熟程度允许他有越来越大的自由;由他自己决定要学习什么,他要如何学习以及在什么地方学习及受训。这应成为一条原则。"[①]这就为以学定教的"教-学"关系指明了方向,也就是要最大限度地给予学生学习自由,将"教"建立在"学"的基础之上,教师通过对学生的身心发展及成长规律、学习情况的把握,使得教师的"教"和学生的"学"有机地结合在一起,实现"教-学"关系的和谐与共鸣,获得教学的最大效益。

---

① 联合国教科文组织国际教育发展委员会.学会生存:教育世界的今天和明天[M].北京:教育科学出版社,1996.

4.教学合一的"教-学"关系范式

"教学合一"的概念最早是由我国著名教育家陶行知先生提出的,他针对当时学校教育"重教太过""教学分离"现象,在《教学合一》一文中批评道:"学校里的学生除了受教之外,也没有别的功课。先生只管教,学生只管受教,好像是学的事体,都被教的事体打消掉了。论起名字来,居然是学校;讲起实在来,却又像教校。这都是因为重教太过,所以不知不觉地就将他和学分离了。然而教学两者,实在是不能分离的,实在是应当合一的。"①

陶行知先生对教学的主张是,事怎样做就怎样学,怎样学就怎样教。教的法子要根据学的法子,学的法子要根据做的法子。这就为教学合一的"教-学"关系的建立确立了方法与路径,这里突出了一个"做",提出"教"与"学"要围绕"做"。陶行知先生对教学的主张与现在的专业工程教育认证培养学生"解决复杂安全工程问题能力"的理念是一致的,"做"就是解决复杂安全工程问题的能力的外在表现。

要正确理解教学合一的"教-学"关系,首先,在"做"上"教"的是教师,在"做"上"学"的是学生,形成以"做"为纽带的"教师-学生"的合一。其次,从教师与学生的关系角度,"做"便是"教",形成以"做"为纽带的"教师的教-学生的学"合一。最后,从学生对教师的关系角度,"做"便是"学",形成以"做"为纽带的"理论学习-实践训练"合一。

在教学实践中,教师与学生之间不是一种简单的给予、接受关系,更不是一种简单的操纵、控制关系,而是一种民主、平等、协作、互助的伙伴关系。教学合一的"教-学"关系就是一种积极的表现形式,能够充分体现教师的主导作用和学生的主体作用,对于充分发挥教师与学生在教学过程中的能动性、促进教学的有效融合与提升教育质量具有积极的作用。

5.教学相长的"教-学"关系范式

教学相长的"教-学"关系是我国教育界广为人知的教学经典,其核心是,"学"之后才知道自己的知识不够,"教"之后才知道自己的知识不通达。知道不够才会自我反省,努力向学;知道不通达,才会自我勉励,发愤图强。

教学相长的"教-学"关系,一方面揭示了教师自身"教"和"学"之间的协同

---

① 陶行知.陶行知全集(第一卷)[M].成都:四川教育出版社,1991.

关系,强调了"一面教一面学"对教师自身成长的重要性,因此教学相长是一种对教师专业发展具有深刻启示意义的教学观;另一方面强调了教师和学生之间、教师的"教"和学生的"学"之间相互影响、相互促进的关系,不仅看重教师自身的成长,更看重师生的共同成长,进而形成了"教师-学生"双主体关系。

在应用教学相长的"教-学"关系时,要充分理解其中"长"的意义所在,这是对教师的要求与希望,不仅要关注教师知识的增长,更要看重教师拥有怎样的教育理想、教育激情、教育智慧和教育良知,还要考察是否具备良好的师生关系。

此外,随着现代教育的发展,教学不再是教师一个人的单打独斗,而是更加注重团队学习和专业发展共同体。没有一个教师可以包揽所有的教学科目,只有注重教师间的积极合作、教师与学生的合作、教师与社会的合作,互帮互学、相互启发,才能促进个人专业水平的不断提升,才能保证人才培养教育目标的实现。

二、人才培养教育的"教"

上面已经讲述了人才培养教育的"教-学"关系,本部分将从教师的角度谈谈如何看待"教"、如何进行"教"的问题。

(一)对"教"的认识与理解

教学是人才培养教育的教和学的双边活动,从辩证统一的哲学视野来看,"教"与"学"是可以各自单独存在的,并由教师、学生在一定的教学环境中相对独立地完成,但两者又是高度统一的共同体,在教学这一活动中相互支持、相互作用,即"学"是"教"主导下的"学","教"是为"学"服务的,两者协同完成教学任务,实现教学目标。

因此,作为"教"的实施者,教师要从"教-学"的关系出发,应用教育哲学的思维来认识、理解教学中的"教",为人才培养教育提供最佳的"教"。对"教"的理解可以从如下几个方面思考。

1."教"与"学"是矛盾统一的教育活动

教师不能孤立地看待"教",要正确看待没有"学"也就没有"教"的背后所蕴含的辩证哲理。教师的"教"需要有明确的对象(学生),没有对象的"教"是不存在的,教师的"教"与学生的"学"共同构成统一的教学活动,两者都是教学活动中不可或缺的重要组成部分,教学永远是教师的"教"和学生的"学"的统一体,

"教"的依存是"学",是为"学"服务的,"教"与"学"不可分离而独立存在。

2. "教"与"学"是交互共生的教育活动

教学活动的有效进行需要"教"与"学"的交互共生,即不能重教轻学,这会使得以教师为中心,而不顾学生成长、成才、成人需要的"填鸭"式、"烤鸭"式的"教"大行其道;也不能重学轻教,这会使得教师谨小慎微,无目的地满足学生所谓的"学"。处于高校教育阶段的学生在心智、价值观、兴趣爱好等方面都还未完全成熟,需要教师"教"的引导。

由此可见,"教"与"学"在教育活动中不仅要相互作用、相互制约、相互转换,更要深度交互、共生共长。深度交互,就是指教师与学生之间在认知、情感、思维、心理、兴趣、爱好等方面的自然交流与情感碰撞,在"教"与"学"的深度交互中,同时提升"教"与"学"的质量,共同成长,实现教融于学、学融于教、寓教于学,教促进学、学促进教,达到"教"与"学"的共生共长。

3. "教"与"学"是相反相成的教育活动

"教"与"学"是构成教育活动的两种基本活动,"教"是教师传道、授业、解惑的行为,"学"是学生探寻、获取、领悟的行为。"教"与"学"这两种行为相互交融,构成了教学活动。"教"与"学"各自存在于教师与学生之中,但二者又互相包含、互相作用、互相依存,这在哲学范畴内被称为"对成"关系,也称"相反相成"关系。在现实生活中,如买与卖、大与小、上与下、归纳与推理、作用力与反作用力等都是"相反相成"关系的例子。

"教"与"学"的关系启示我们要以动态变化的思维去看待"教"与"学","教"与"学"分别是"教学"这一活动中的两个子活动。"教"是伴随着教学活动的开展而呈现的,并随着教学活动的变化而变化。

因此,教师要以变化的思维对待"教",这一变化包括学生需求的变化、学习过程的变化、教学资源的变化、教学环境的变化等,在教学的变化过程中把握"教"。

(二)"教"的相关原理与原则

"教"是一门技术,也是一门科学与艺术。"教"需要遵循相关的原理与原则,教师掌握"教"的相关原理与原则是有效"教"的前提,下面就这些观点开展一些讨论。

1. "教"的过程原理

人才培养教育一般是在四年的"过程"中完成,强调"过程"的意义也就意味着人才培养教育是一个动态变化的时间序列。在这样的过程中，"教"必须按照人在成长时间序列过程中的规律进行教学，这就是"教"的过程原理。

对于教学过程的认识一直是教育界关注的一个基本问题，教学规律、教学原则、教学内容、教学模式与教学方法等均与教学过程有着千丝万缕的联系。许多教育家从各自的观点及立场出发，对教学过程提出了不同的看法。

领导干部应该把学习作为一种追求、一种爱好、一种健康的生活方式，做到好学乐学。有了浓厚的学习兴趣，就可以变"要我学"为"我要学"。学习和思考、学习和实践是相辅相成的，正所谓"学而不思则罔，思而不学则殆"。你脑子里装着问题了，想解决问题了，想把问题解决好了，就会去学习，就会自觉去学习。要"博学之，审问之，慎思之，明辨之，笃行之"。因此，不管是学习书本知识，还是学习某种技能，都得经过反复训练与实践才能完成，最终要将所学落实到行为上，做到"知行合一"。根据"知行合一"的教学要求，可得出教学过程的逻辑结构，如图 6-2 所示。

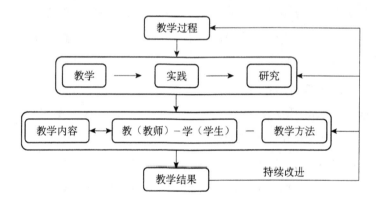

图 6-2　教学过程的逻辑结构

教学过程由教学、实践、研究三个环节构成，教学是中心，旨在建立人的理念世界，其效果的好坏直接关系到后面的两个环节（实践、研究）。这里的实践是教学理念的延伸，包括各类实习、实训，以及社会调查、社会服务等。研究是在教学与实践基础上进行的更深入的拓展，包括学年论文、毕业论文、毕业设计、创新创业研究、参与教师的项目研究等。

教学过程的实际形态是千差万别、纷繁复杂的，但最终都要通过教师的"教"和学生的"学"这一双边活动过程来实现。教学过程的具体实施是围绕一定的教学目标（内容）开展的，通过选择恰当的教学手段（方法）实现教学过程的有效进行,所以教学过程是由教学内容、教(教师)-学(学生)、教学方法为基本要素构成的有机动态系统,缺少任何一个要素都不能构成教学活动,最终无法输出教学结果。

2."教"的认识与探索原则

《学记》记载:"君子既知教之所由兴,又知教之所由废,然后可以为人师也。故君子之教,喻也。道而弗牵,强而弗抑,开而弗达。"这句话的意思是,君子不但懂得教学成功的经验,又懂得教学失败的原因,就可以当好教师了。所以,教师对人施教,就是启发开导,对学生开导而不牵拉,劝勉而不压制,指导学习的门径,而不把答案直接告诉学生。这就说明了教学之道,指出了教学是有规律可循的。

作为教师,要清楚地认识到教学的变化性、复杂性与社会性,我们今天所掌握的教学规律,明天可能就失效了,而新的教学规律可能又会产生。因此,教学规律不是有限的,而是无限的,教师要在"教"的过程中不断地探索、研究与总结,在纷繁复杂的教学规律中探索基本的、主要的教学规律,促进"教"的有效进行,同时在探索中发现问题,认识新的教学规律,不断创新教学实践。这就是"教"的认识与探索原则。

3."教"的教育性原则

德国哲学家、心理学家与教育家约翰·弗里德里希·赫尔巴特(Johann Friedrich Herbart)指出,"教学如果没有进行道德教育,只是一种没有目的的手段;道德教育(或者品德教育)如果没有教学,就是一种失去手段的目的",他强调,"我不承认有任何无教育的教学。"与赫尔巴特同时期的德国教育家阿道尔夫·第斯多惠(Adolf Diesterweg)也明确指出:"任何真正的教学莫不具有道德的力量。"这些认识与见解揭示了教学具有教育性这一客观规律。

课程是教育的载体,是"教"的基本抓手,要从课程体系的设置出发,开展积极有效的课程建设,解决好各类课程和思政课之间的相互配合问题,充分发挥教师的主观能动性,结合课程教学挖掘课程思政元素,利用融入式、嵌入式、渗入式等教学方法,让课程思政"润物无声",将"教"的教育性融入人才培养的全过程中。"教"的教育性要具体落实在三个方面。

首先,学习的目的性教育,这是"教"的教育性的根本问题。教师在教学过程中要引导学生树立正确的学习目的,这是"教"的前提与根本。学习的目的性教育要从构建德智体美劳全面培养的教育体系出发,把立德树人融入思想道德教育、文化知识教育、社会实践教育各环节,贯穿基础教育、职业教育、高等教育各领域,学科体系、教学体系、教材体系、管理体系要围绕这个目标来设计,教师要围绕这个目标来教,学生要围绕这个目标来学。

其次,教学内容的科学性与思想性的统一,这是"教"的教育性的核心问题。教师在教学过程中要想正确解释、说明客观世界,能够把科学知识"教"清晰,就必须要用辩证唯物主义的世界观和科学方法进行分析与教学。专业课程中蕴含着丰富的思政元素,一方面,专业知识本身蕴含着明显的价值倾向、家国情怀等元素;另一方面,教师可以通过对课程内容的深度挖掘,在已有的思政元素的基础上实现进一步的拓展和开发,实现教学内容的科学性和思想性的协调与统一。值得注意的是,课程思政并不是简单的"课程"加"思政","思政"与"课程"的关系应当是"如春在花、如盐化水"。

最后,"教"中的以身作则、言传身教,这是"教"的教育性的关键问题。《论语·子路》中说道:"其身正,不令而行;其身不正,虽令不从。"这充分说明了教师以身作则、言传身教在"教"中的意义与作用。

时代在发展,社会在进步,"教"的教育性内涵与性质也在不断扩展。但无论其千变万变,"教"的教育性规律永远不变,始终体现在永无止境的人才培养教学之中。

4.“教”的自动、遵循自然与遵循文化的原则

自动、遵循自然与遵循文化的原则是由德国教育家阿道尔夫·第斯多惠提出的。他认为,人的本身特质,就是人的自动。一切人的、自由的、独创的东西,都是从这个自动性出发的。教育的任务主要是发现自动,而自动的目的就是发现真善美的思想,这也是人生的终极目的。自动的认识以"真"为目的,自动的感觉以"美"为目的,自动的意志以"善"为目的。

遵循自然的原则就是指教育要遵循人的自然成长与发展过程,不同阶段的教育要与学生的年龄特征和个性特点相适应。教师在"教"时,要认真研究学生的注意、记忆和思维特点,要关注学生的学习心理,不断总结教育经验,选择与学生的自然成长特征相适应的教育方法。

遵循文化的原则就是指在教育过程中要关注学生的文化背景。阿道尔夫·第斯多惠认为,在教育中必须注意一个人所出生或将来所生活的地点和时

间等条件,要注意就广义和包罗万象的意义来说的全部现代文化,特别是学习祖国的文化。他把人才培养的教育提高到与人类现代文化相融合的高度,认为教育应该适应变化着的社会发展与需求。

自动、遵循自然与遵循文化的原则要求教师的"教"要从感性认识出发,并从这些感性认识过渡到概念,即由个别的过渡到一般的,由具体的过渡到抽象的。教学要由实例到规则,要由近及远、由简到繁、由易到难、由已知到未知。"教"要摒弃知识传授的方式,实施启发式教学,以激发学生的智力,使他们能够在教学中主动探求、思考、判断与发现。

成功的"教"永远具有教育的性质,不仅能发展学生的智力,还能塑造他们的人格、意志和情感,使他们的智力和道德方面都变得更加完善。

(三)教学方法概述

1.教学方法的含义

教学方法就是为完成教学目的与任务而采用的教学方式(程序)或路径。教学是教师"教"与学生"学"的双边活动过程,因此,"教"的方法既包括教师"教"的方法,也包括教师指导学生"学"的方法,是在人才培养过程中的直接联系师生的桥梁,其逻辑关系如图6-3所示。

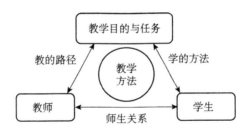

图 6-3　教学方法的逻辑关系

教学的效果不仅取决于教师的"教",也取决于学生的"学",只有两者实现和谐统一,才能产生良好的教学效果。

教学方法不仅为个体学习并掌握人类已有的知识成果提供了有效路径,也为个体研究与探索未知世界提供了思维和方法。因此,教学方法的问题是一个科学问题,是关系到如何培养人、培养什么样的人的大问题。毛泽东在《关心群众生活,注意工作方法》一文中指出:"我们不但要提出任务,而且要解决完成任务的方法问题。我们的任务是过河,但是没有桥或没有船就不能过。不解决桥或船的问题,过河就是一句空话。不解决方法问题,任务也只是瞎说一顿。"这充分说明了教学方法在人才培养中的意义。

2.教学方法的多样性与选择

教学过程是一个动态变化的过程,充满着各种矛盾关系,如"师-生"的矛盾关系、"教-学"的矛盾关系等,同时教学过程中存在着各种差异,如教师之间的差异、学生之间的差异、教学内容的差异、课程性质的差异、教学设备的差异、教学环境的差异等。这些矛盾与差异构成了教学过程的多样性,因此解决教学问题的方法必然也呈现出多样性。

互联网、信息技术的发展进一步促进了教学方法的现代化。我们必须用动态、变化、多样性的思维对待教学,要明确绝对没有所谓的"万能钥匙",不要奢望能够用一种教学方法去解决教学过程中的所有矛盾及问题,要在教学过程中不断改革与创新教学方法,以适应教学矛盾与差异的变化,实现教学的和谐发展。

教学方法的多样性所带来的另外一个问题就是在教学实践中,如何选择和应用教学方法。在教学领域有句名言,即"教无定法",这充分说明了教学方法的多样性与应用的灵活性,同时,"教无定法"更加强调教师应根据教学的实际场景,遵循教学规律、教学原理及学生的认识状态,进行教学方法的选择与应用。

教学过程的多样性、复杂性,教学方法的选择与应用也就变得较为复杂,没有一成不变的、可以套用的教学方法选择模式。教学方法的选择与应用的目的就是提高教学效果,因此在选择与应用教学方法时,首先要从教学需要解决的矛盾关系及问题这一观点出发,其次要适时量度(评价)、灵活运用,最后要联合使用多种教学方法,取长补短。此外,要考虑以下几个具体问题。

(1)与课程性质的适应性。高等教育课程的性质多种多样,如工科性质的课程、理科性质的课程、文科性质的课程、实验性质的课程、社会调查性质的课程等。不同性质的课程,其教学方法也必然不同,教师所选择的教学方法要能够与课程性质相适应。

(2)与教学内容的匹配性。教学方法必须服务于教学内容,要便于教学内容的教授。例如,对于论述性教学内容与验证性教学内容,其教学方法就有本质区别,教师所选择的教学方法要能够与教学内容相匹配。

(3)与教学对象的相关性。学生是教学的对象,是学习的主体,教师所选择的教学方法要与教学对象相关。例如,某一个具体的学生,在大学四年中的每一个年级时,他的认识水平、知识基础、思维发展、学习经验、心理素质等都是不同的,因此,教师的教学方法也要随之变化,不断创新,如此才能取得良好的教学效果。

(4)与教学环境(条件)的适应性。教学是在一定的教学环境(条件)下进行的,这些环境(条件)又反作用教学,因此教师所选择的教学方法必须要主动适应教学环境(条件),要思考如何在一定的教学环境(条件)下使自己所选择的教学方法达到最佳的教学效果。

3.教学方法的分类与研究

教学方法的分类与研究是教师正确掌握、灵活应用教学方法的基本前提,教师通过对教学方法进行分类,了解教学方法的整体属性,在研究教学方法的过程中感悟、创新教学方法。

(1)教学方法的分类。教学方法体系是一个博大而深远的开放系统,由于分类角度的不同,教学方法的分类也就有所不同。不同的教学方法既有自身的特色,相互之间又有千丝万缕的关系。下面,我们从"教"的教学方法与引导"学"的教学方法两个方面进行说明,其分类体系如图6-4所示。

图6-4 教学方法的分类体系

由图6-4可见,从教师"教"的角度出发,教学方法有课堂讲授法、案例讲授法、项目讲授法、层次教学法、模拟教学法等;从引导"学"的角度出发,教学方法有启发式教学法、研讨式教学法、问题导向法、认知学习法、习得探究法等。在教学过程中,这两类教学方法往往交叉互融,并随教学过程的变化而变化。

(2)教学方法的研究。教学方法研究的目的就是如何更有效地应用教学方法,以提升人才教育的质量。哈佛大学前校长德雷克·博克(Derek Bok)认为,教学内容固然重要,但对大学生影响更深远的是教学方法。他在《回归大学之道：对美国大学教育的反思与展望》一书中指出，无论今天的授课内容多么重要，教师也不能假设学生只要来到了课堂，他们就一定会记住大部分的教学内容。学习结束后，学生能记住多少知识、能形成怎样的思维习惯，并不取决于他们选修了哪些课程，而取决于这些课程是如何讲授的、讲授的质量如何。由此可见，教学方法在教育中具有重要的作用与意义。随着现代教育的发展，关于教学方法的研究也不断深入与拓展，教学方法从传统的以教为主逐渐转向以学为主，从以知识传授为主要目标逐渐转向以培养学生能力为主要目标，同时教学方法的研究也为人才教育的培养提供了更加宽广的路径。

首先，通过教学方法的研究，揭示教学方法的内在本质与规律，从根本上提升教学方法的科学性和实效性，是我国高等教育中的重要一环。但是教学方法的研究与改革并非一朝一夕之事，我国高等教育中还有许多问题有待解决。例如，部分高校教学存在教学方法过于死板的弊端，表现为教师所采用的教学方法几乎只有讲授法、教学方法有效性弱、学生对教学方法的满意度低等。

其次，通过教学方法的研究，探讨教学方法对"教"与"学"的影响，提升教学的有效性与学习的适应性。教师要在教学方法的实践应用过程中去思考、研究与提升教学方法的应用技巧，最大限度地利用并创新教学方法。

最后，通过教学方法的研究，确立"怎么教"的教学方法体系，解决使用什么教学方法、如何使用教学方法、教学方法的评价等问题，使教学方法与高等教育的人才培养协同发展。

教学方法的研究是一项基础且具有前瞻性的研究，要坚持历史与逻辑的统一性原则，遵循教育规律，注重教学实践，正确把握教学方法研究的价值导向。

姚利民、段文或在《高校教学方法改革探讨》一文中对高校教学方法的研究与改革中存在的问题进行了剖析，如学校、教师、学生、社会、家庭等对教育的影响，这些问题具有一定的普遍性。只有高度重视这些问题，认真思考并解决这些问题，才能有效地促进教学方法的改革与创新。

综上所述，在教学方法的改革与创新过程中，我们需要认真思考有关学校、教师与学生的一些问题，共同探讨这些问题的解决方法与路径，从而让教学更加有效。

三、人才培养教育的"学"

"学"是人才培养的重要方面，一方面，"学"应该是学生自身的事情，学生必须自己学习,任何人都取代不了;另一方面,从人才培养的教学来说,作为教师,应该如何看待"学"? 如何引导"学"? 这是本节讨论的关键。

(一)对"学"的认识与理解

1.从教师的角度看待"学"

从教师的角度来说,教师在教学的过程中似乎只是在"教",好像"学"是学生的事。约翰·D.布兰斯福特(John D. Bransford)等在《人是如何学习的:大脑、心理、经验及学校(扩展版)》一书中指出,人们对有效学习的观念已经发生了根本性的变化,教学研究的重点已从如何教转向如何学,从结果转向过程,从机械操练转向知识的理解和应用。学生不再被看作接受知识的容器,而是知识的构建者和生成者。这段论述充分说明了教学的本质所在,教学的目的是构建更好的"学",也就是实现有效学习。

如何启动有效"学"、引导有效"学",这是教师在教学过程中需要解决的关键问题,要能够从"学"的本质出发,从以下两个方面进行思考与探索。

首先,教师要在"教"的过程中不断深化自我学习。也就是说,教师要不断学习、丰富教学内容,对教学内容进行深入理解与剖析,形成教学的知识点,便于学生在"学"的过程中抓住要领,达到纲举目张的效用。

其次,教师要不断学习引导"学"的理论与技能。要有效地引导"学",教师必须要了解和学习相关的理论、规律与学生的实际心理状态,这就要求教师不仅要精通其所教的专业知识,还要学习与教育、人的心理相关的理论等,能够正确应用心理认知规律、教学方法等,与学生建立互信、有效的沟通关系,进而能够了解学生的学习心理,达到引导学生进行有效学习的目的。

因此,教学过程中的"学"也是教师必须完成的任务,教师只有通过不断学习,才能更好地促进学生的"学"。

2.从学生的角度看待"学"

学生应该把"学"当成自己的事,是任何人都取代不了的事,要能够主动地思考"学"、实践"学"、学会"学","学"是建立在人的认知基础之上。

首先,要了解认知的基本过程。人的认知过程一般有三个环节,如图6-5所示。

图6-5 人的认知过程

　　人的认知启动于感知，也就是人通过自身的感官（如眼睛、耳朵、鼻子、皮肤等）感受到外界的刺激，之后人的大脑会根据以往的记忆、经验、想象、思维等对这个刺激产生一种反应，就是感知。这里的"刺激"是一个广义的概念，代表来自外界的任何信息，如声音、光、色彩、气味、文字等。这些刺激也不全都会引起人的大脑反应。如果大脑对某个刺激没有产生反应，个体就没有产生感知；如果大脑产生了反应，个体就有了感知。接下来就进入体验环节，人的大脑从感知到的外部信息出发，根据自己的情绪、情感对感知到的外界刺激进行自我体验。这种体验具有极大的主观性，与人的心理特征（如性格、气质、能力等）密切相关。这种体验会使个体产生各种各样的心态与情绪，在这种心态与情绪的驱动下，个体就产生了认知的第三个环节——"意志"。"意志"就是个体根据自己的兴趣、爱好、信仰、理念等，而对感知、体验到的外界刺激产生某一种态度或行为等。

　　图6-5显示，人的认知过程中的三个环节既相对独立，又相互关联，人的认知过程为如何有效学习提供了理论指导。

　　其次，根据人的认知过程理论，把握有效学习的规律。"学"的过程也就是人的认知过程。有效的学习建立在有效的认知基础之上，也就是对"学"的知识要能够有效感知、深刻体验，要有强烈的意志，由此才能真正学会、掌握与应用知识。

　　要做到这些，个体需要探索适合自己"学"的方法与路径。例如，在感知环节，个体在课堂上会接触到许多外界刺激，如听到老师讲课的声音、看到老师讲课的肢体语言（动作）、看到教材上的文字、听（看）到多媒体画面等。从心理学的角度而言，人对这些信息刺激并不是无条件地全部接受（实际上这是不可能的），这里就有一个选择刺激的问题。每一个人的选择是不一样的，这与个体自身的学习目的、兴趣、爱好、心理特征、学习时的情境（如学习环境、师生关系、同学关系、个人状态等）等密切相关。在体验环节，个体在感知到老师的讲课声音、视频画面等刺激时，认知过程的体验环节就启动了，进而对刚刚感知到的刺激产生相应的心理体验，即产生情绪、情感上的变化，如喜怒哀乐等。在意志环节，就是在上述两个环节的基础上，个体是否有意志上的行为表现，如全神贯注地听课，或者对老师的讲课不感兴趣而在做自己的事（如玩手机等）。

　　上述三个环节既相对独立，又相互关联，是一个有机的认知过程。因此，从学生看待"学"的角度来说,学生必须要认知(了解)自我、修养自我、调节(控制)自我,达到适应学习、学会学习。

(二)"学"的影响因素概述

"学"是一项复杂的系统活动过程,其影响因素复杂多变,从学习者自身来说,了解并把控这些因素是"学"好的基础。"学"的影响因素有很多,这里主要就理解与记忆、学习时间、学习动机这三个因素进行简要分析。

1. 理解与记忆

研究表明,对于相同的教学刺激,由于个体差异的存在,个体对"学"的感知迥然不同。在"学"的过程中,一个学习刺激出现后,学习者可能有多种反应,例如,对刺激没有反应,或者是机械、被动地接受刺激,当然最理想的是选择性、理解性地接受刺激,这对"学"是至关重要的。如果对刺激没有反应,就谈不上继续"学";如果机械、被动地接受,只是死记硬背的"学",随着时间的推移,个体可能不会应用到所学知识,进而会逐渐忘记知识;只有选择性、理解性地接受刺激,才能实现最有效的"学"。

理解与记忆是影响"学"的重要因素,两者也是相互关联的一对关系。个体能够理解的知识就能够在其脑海中留下痕迹并得到有效记忆,使得知识学习从传统的复述与记忆转变为理解、发现与使用。学习不是机械地将知识堆砌在一起,而是通过对新知识的理解与对以往知识的学习和记忆,寻求知识之间的联系。只有掌握了这种联系,个体才能把在一种情境中学到的知识迁移到新的情境中并构建新的知识,同时能够在实践中运用这些知识来解决遇到的各种问题。

2. 学习时间

学习是需要时间的,这就是为什么人才培养的学习时间一般是四年。学习时间要与学习者的生理与心理成长周期相适应,要能够满足学习任务对时间的需求,例如,学校通常规定一节课的时间是 45 分钟,课间休息时间是 10 分钟。

从多方位正确理解、把握学习时间,对于个体的有效学习具有重要指导作用。

首先,学习是循序渐进的过程。其本质就是有效分配与利用学习时间,以完成学习任务,例如,在高校培养方案的制定过程中,要考虑每门课程的学时(也就是学习时间),以确定将其具体安排在哪一学期上课等。再如,在学习一门课程时,哪些内容需要花费较多的学习时间,哪些内容需要花费较少的学习时间等。学习时间分配与利用的科学性、合理性,以及其与学习者的适应性等,都将影响有效学习。

其次,专业知识的发展与学习时间的投入密切相关。专业知识的学习、积累与个体花费的学习时间成正比。如果一个人依赖天赋而不愿付出学习时间,那么他就不可能真正成为某一领域的人才,因为他没有用足够的时间去学习、积累知识,也没有用足够的时间进行大量的知识训练。此外,理解性学习也是需要花费时间的。

3.学习动机

学习动机是影响有效学习的又一个因素。从心理学的角度来说,动机是激发和维持有机体的行动,并使行动导向某一目标的心理倾向(或内部驱力)。学习动机就是个体在学习过程中为了完成某一学习任务,或者为了实现某一目标而产生的一种学习心理倾向(或内部驱力)。

产生学习动机是有效学习的前提,但是不同个体对待同一个学习任务可能会产生不同的动机。在教学过程中,如何因人而异地引导学习动机的产生,并且维持学习动机是教师必须思考的一个问题,具体可从以下几个方面考虑。

首先,学习任务对学习者的吸引性。好奇是学习者产生动机的重要源泉,教师在设计教学任务时要充分利用这一要素,结合教学知识点的特征,让学习者对教学任务充满好奇。

其次,学习任务的易难程度。人在面对任务时具有一种挑战心理,如果学习任务太容易,学习者就会对此感到厌烦,产生不屑一顾的心态,这反而会降低其学习的积极性。如果学习任务太难,学习者就会感到学习高不可攀,从而产生畏难情绪和挫折感,同样也会放弃学习。因此,学习任务的难度适中是引发学习动机的重要方面。

最后,学习的合作与交流。在学习的合作与交流中,学习者因各自的需要而产生一种"按需合作、优势互补、互利共赢"的学习关系。在这种关系中,学习者首先能够满足自己的学习需要,其次能够将自己优势提供给其他学习者,形成互利共赢的学习共同体。所以,学习的合作与交流对有效学习具有积极意义。

学习动机是一种极其复杂的心理活动机制,其影响因素涉及学习者个体、学习环境、学习者集体(班级)、社会需求、人文背景等各个方面,同时也会随时间的推移而不断变化。

(三)学习的迁移

联合国教科文组织将四种"学会"作为 21 世纪教育的四大支柱,即学会认知、学会做事、学会共同生活和学会生存。如何在教育过程实现四个"学会",对应的就是如何在学习知识的过程中实现知识的迁移与重构的问题。社会心理学和人类学研究表明,所有的学习都离不开特定的文化模式、社会规范和价值期望,在这样的背景下,个体把学习的知识变成有用的东西与自身的能力,这就是学习的迁移。

1.学习迁移的概念

约翰·D.布兰思福特等在《人是如何学习的:大脑、心理、经验及学校(扩展版)》一书中指出,学习过程和学习迁移成为理解人是如何形成其重要能力的关键,学习的重要性在于没有人一生下来便已经具备了成人在社会中的处世能力,尤其重要的是要理解导致迁移发生的学习经验,迁移被定义为,把在一种情境中学到的东西迁移到新情境的能力。

迁移是一种学习能力,是在已有知识的基础上,将一种教学情境下的学习结果迁移到另一种教学情境下的学习之中,或将一学年的学习结果迁移到另一学年的学习之中,或将学校的学习结果迁移到社会(工程)应用之中。学习迁移是人才培养教育的本质要求,也是实现四个"学会"的有效路径。

2.知识的带入与融合

学习迁移是一个承前启后的过程,是建立在已有知识的基础之上而启动对新知识学习的活动。新知识的学习并非独立的,学生需要对已有的知识进行思考、分析与提炼,形成一定的知识模式(或叫前概念),并将其带入新知识的学习之中,在学习过程中逐渐将前概念与新知识相融合,形成新的概念(新的知识模式),从而完成该轮的学习任务。

毋庸置疑,学习迁移可以有效地培养与发展学生的探究能力,实现在不同情境下的知识重构与应用。首先,学习迁移必须建立在学生具有坚实的知识储备这一基础之上,知识的积累对学习迁移具有重要影响。其次,学习迁移发生在某一学习情境中,学生在此学习情境中理解知识、形成概念。最后,学生通过提取、组织、创新等方式,能够把学到的知识应用于新的学习情境之中,这种新的学习情境既可以是学校内部的情境,也可以是社会情境。

3.学习情境的变化与知识的顺畅提取

在学习迁移中,有两个重要的影响因素。

首先,学习情境的变化。人的一生是一个不断学习的过程,而且学习情境也在不断发生变化。例如,一个人从幼儿园到小学、中学,再到大学,其学习情境是不一样的,进入社会后,个体还要为适应各种发展需要而不断学习,这一时期的学习情境与之前也是有所不同的。每一个阶段的学习情境都是不一样的,即使是在同一学习阶段,也存在各种各样的学习情境。这些情境的变化将带来学习的变化,学习者要不断地改变自己,以适应相应的学习情境,要能够将一种情境下的学习结果有效地迁移到另一学习情境,进而促进学习的不断进步与发展。

其次,知识的顺畅提取。知识的顺畅提取是个体在各种各样变化的情境下进行有效学习的重要标志。人在学习过程中会被包围在各种各样的信息之中,对于这些信息,学习者不可能也没有必要全部接受,因此学习者需要通过对信息的提取和筛选等来获得有用(有价值)的知识,并能够利用这类知识更好地学习。由于人的能力存在差异,个体在学习中对知识的提取往往会表现出费力、一般和顺畅三种情形。费力表明对知识的提取困难,表现为个体对知识的不理解,只是机械地接受知识,无法进行相关的思考与应用。一般表明对知识的提取效果尚可,不但具有一定的提取速度,而且个体对知识有一定的理解,能够进行适度的思考与引申。顺畅不仅体现在提取速度上,还体现在个体对知识的理解上。也就是说,个体能够理解其在某一个情境下学习的知识的意义,并能够将其有效地迁移到另一学习情境中,以作为学习新知识的基础。

4.已有知识的迁移是不断学习的基础

许多教育专家认为,前期的学习是后期深入学习的基础,也就是说,新的学习建立在已有知识迁移的基础之上。相关研究表明,迁移的知识量是原来学习领域和新学习领域之间重叠范围的函数,重叠范围的大小反映了学习者跨领域学习的可能性与有效性。这对大学课程体系的构建具有重要的指导意义,同时对不同专业的融合、跨学科的发展具有普遍意义。

在课程体系中,课程不是绝对独立的,课程之间必然存在千丝万缕的关联,不同课程之间的知识或多或少地存在重叠。需要注意的是,这里的知识重叠不是指不同课程之间知识的机械重叠,而是知识在一门课程的基础上延伸到另一门课程中,这种延伸首先表现为原课程知识的拓展(而不是原课程知识的机械搬运),也就是通过对原有知识的迁移与重构,在新课程中形成新的知识;其次表现为延伸的关系,即原知识迁移与新知识重构需要遵循一定的关系,这种关系主要是知识的表征方式、知识与知识之间的内在联系以及知识与客观事物之间的映像等。

已有知识的迁移一般是在抽象层面上进行的,因而促进已有知识的抽象表达是提高知识迁移效率的重要保证。教师和学生要关注抽象思维与方法的训练,如对于现实中的复杂工程问题,思考如何用数学的思维与知识对其进行抽象并加以表征等。

第二节　大学生人才培养的基层教学组织

一、基层教学组织概述

(一)基层教学组织建设的迫切性与必要性

21世纪以来,我国高等教育在办学规模和招生人数上都实现了跨越式发展,人们对高等教育的期望越来越高。随着办学规模、招生数量的不断扩张,一些教师处于应付完成教学任务的状态。如何提高教师的教学能力、提升人才培养的质量已成为高等教育的焦点问题,做好高校基层教学组织的建设是解决这一问题的基础。因此,高校基层教学组织的建设受到社会各界的高度关注。

1.高校基层教学组织建设的迫切性

(1)高校办学规模扩张需要强化基层教学组织建设的组织保障。在高校办学规模效应思潮的影响下,高校的合并与扩建使其办学规模急剧膨胀,对于很多高校,多校区办学成为常态。高校办学规模过大会带来管理层级过多、运转不畅、职责不明等弊病,造成学生与教师的分离、教师与校区的分离、教学与管理的分离等诸多问题,导致传统的基层教学组织出现时间与空间上的分离,表现为组织结构松散、教学资源分散等状态,使基层教学组织的行政事务增加,使正常的教学组织和教学研究活动受到影响。因此,需要通过基层教学组织的建设提供强有力的基层教学组织保障。

(2)高等教育普及化需要基层教学组织建设的师资队伍支撑。高等教育普及化使更多的学子圆了大学梦,为高等教育发展提供了动力,但也产生了一些问题,如各高校招生人数的增长,造成了教师教学工作量的增加,一些教师为了应付教学任务,课堂教学成为他们与学生接触的主要渠道,教师对学生的关注与学习辅导相对减少。教师除了上课以外,很少有时间去思考教育、研究教学、创新教学,更谈不上提升教学质量。同时,庞大的学生群体,生源质量参差不齐,对教学的安排、教师的授课、教学的考核等提出了挑战。教学质量的提升,需要通过基层教学组织的建设构建支撑人才培养的师资队伍。

(3)社会人才需求的多样化为基层教学组织的建设提供了发展机遇。培养社会需求人才是高校的根本功能之一。随着社会的发展,各行各业对人才培养的质量与多样性提出了更高要求。如何解决社会对人才的多样性需求与高校人才培养的符合性这对矛盾? 这就对高校的基层教学组织建设提出了挑战,同时也提供了发展机遇。

在基层教学组织的建设中,为将社会对人才的多样性需求与人才培养体系有机地结合起来,各高校需要正确引导基层教学组织走向社会,了解社会对人才需求的变化,并且从社会发展的视角出发前瞻性地把握这种变化,超前地将社会对人才需求的变化融入人才培养的知识结构体系和能力培养体系中,融入人才培养方案与培养模式之中。

基层教学组织负责的是人才培养的具体教育、教学任务,如何看待、理解、落实这些任务,如何有的放矢地进行人才培养的教育、教学活动,是基层教学组织建设的重要内容,这对应的是"培养什么人、怎样培养人、为谁培养人"的问题。基层教学组织应将专业教师组织起来构建成教师命运共同体,充分发挥每一位教师的主动性与积极性,建设富有个性化、多样化、层次化的人才培养教学内容和课程体系,凸显本专业人才培养的特色。基层教学组织必须要担负起这样的历史使命,抓住社会发展的挑战与机遇,为培养社会所需要的专业人才做出应有的贡献。

2.高校基层教学组织建设的必要性

人才培养的顶层设计无论多好,最终都要通过基层教学组织的运行才能实现,由此可见,基层教学组织的建设是非常必要的。

多年来,重科研轻教学的倾向干扰了高校的教学秩序与人才培养,使不少教师把主要精力放在科研上,而在教学上投入的精力相对不足,更不要说潜心研究教学、积极主动地进行教学改革与创新了。这就造成许多教师游离在基层教学组织之外，使得基层教学组织形同虚设，进而影响了高校人才培养的质量。因此，强化基层教学组织建设刻不容缓，其必要性主要体现在如下两个方面。

（1）基层教学组织"小组织、大担当"的特性决定了其建设的必要性。基层教学组织是高校中最底层的"小组织"，虽然没有什么行政级别和权利，却肩负着人才培养全部教育教学活动的"大担当"。基层教学组织"大担当"的具体化，就是通过自身的建设培养一批优秀教师，以课程、教学项目、专业等载体方式形成灵活多样的教学团队，为人才培养提供支撑。

基层教学组织建设要以人才培养为导向，妥善解决教学与科研的矛盾。人才培养不仅需要教学，也需要科研的反哺，要统筹思考教学与科研的关系，使基层教学组织真正成为教师教学与科研的共同体，特别是要能够为青年教师的成长提供教学引导、学术创造的机会和条件。高校在基层教学组织建设中，要认真落实《中共中央国务院关于全面深化新时代教师队伍建设改革的意见》，坚持"四个引导"：第一，引导教师树立正确的历史观、民族观、国家观、文化观，坚定中国特色社会主义道路自信、理论自信、制度自信、文化自信；第二，引导教师准确理解和把握社会主义核心价值观的深刻内涵，增强价值判断、选择、塑造能力，带头践行社会主义核心价值观；第三，引导广大教师充分认识中国教育辉煌成就，扎根中国大地，办好中国教育；第四，引导广大教师以德立身、以德立学、以德施教、以德育德，坚持教书与育人相统一、言传与身教相统一、潜心问道与关注社会相统一、学术自由与学术规范相统一，争做"四有"好教师，全心全意做学生锤炼品格、学习知识、创新思维、奉献祖国的引路人。通过"四个引导"，使教师成为有理想信念、有道德情操、有扎实学识、有仁爱之心的"四有"好老师；一生践行为人民服务，为中国共产党治国理政服务，为巩固和发展中国特色社会主义制度服务，为改革开放和社会主义现代化建设服务。

（2）基层教学组织"小组织、大使命"的特性决定了其建设的必要性。2018年6月，新时代全国高等学校教育工作会议指出，高校教育是大学的根和本，是高等教育的立命之本、发展之本。教育在高等教育中是具有战略地位的教育、是纲举目张的教育。我们一定要把高校教育放在人才培养的核心地位，一定要把高校教育放在教育教学的基础地位，一定要把高校教育放在新时代教育发展的前沿地位。

为此,教育部在 2019 年启动了一流专业建设的"双万计划","双万计划"是高质量人才培养的基础建设,也是基层教学组织建设落实"大使命"的抓手与落脚点。

(二)基层教学组织建设的现状及存在问题

1.基层教学组织建设的现状

在当今的高等教育中,根据人才培养过程的需要,基层教学组织的外在表现形式是多元化的。例如,美国大学的基层组织是按学科划分的系,德国大学的基层组织形式为讲座制,而我国在 1950 年从苏联引进了以教研室为最基层的教学组织形式。教研室这一基层组织在提高教学质量、壮大师资队伍、培养多层次人才、学科建设等方面发挥了积极作用,曾是我国高校基层教学组织的主流形态。

为适应新时代经济建设和社会发展的需要,高等教育的内部管理体制改革对传统的教研室造成了极大的冲击,大部分高校为此进行了院系和学科专业调整,对课程体系进行了重组和整合,基层教学组织也呈现出多元化、多样化的发展趋势,如教研室(系)、研究室(所、中心)等,并没有一个统一的设置模式。

从这些基层教学组织的名称上可以看出,不同高校中的教研室(系)、研究室(所、中心)的教学、科研工作重心各有侧重,然而,教学与科研是不可能也不应该被割裂的。教学与科研是基层教学组织建设中需要关注的主要矛盾,要正确认识与处理这一矛盾关系,使基层教学组织在人才培养、科学研究方面发挥出基层战斗堡垒的作用。

此外,国家层面出台了一系列的政策措施来引导和激励基层教学组织的建设,例如,《中共中央国务院关于全面深化新时代教师队伍建设改革的意见》《教育部关于深化本科教育教学改革全面提高人才培养质量的意见》《教育部财政部国家发展改革委印发〈关于高等学校加快"双一流"建设的指导意见〉的通知》《教育部关于印发〈高等学校课程思政建设指导纲要〉的通知》《中共中央国务院印发〈关于深化新时代教育评价改革总体指导方案〉》等。在政策的激励与驱动下,各高校基层教学组织建设热潮涌动,活动形式与内容日趋丰富,呈现出如火如荼的建设景象,主要体现在如下方面。

(1)基层教学组织重建重构的自觉化。基层教学组织在人才培养、科学研究、服务社会、传承文化方面的重要地位已被越来越多的高校所认知,这种认知不断地转化为对基层教学组织改革、重建、重构的自觉性,为基层教学组织的建设注入了原动力。

(2)基层教学组织建设形式的多样化。以什么形式开展基层教学组织建设也是一个需要关注的问题,这也是在基层教学组织建设的过程中的内涵与外延的关系问题。高校需要结合自身的办学定位、服务范围,合理、科学地确定基层教学组织的建设形式,以达到向外能够完美展现学校自身特色的目的,基层教学组织建设的多样化已成为必然。

(3)基层教学组织建设职能定位的多元化。随着高校改革的深入,基层教学组织的职能也在不断变化与丰富,其不再局限于简单的排课、听课、组织学习等传统的上传下达等职能。许多高校将基层教学组织定位成战斗堡垒,由此带来基层教学组织职能定位的多元化。当然,人才培养是基层教学组织的第一(基本)职能,同时科学研究、服务社会等逐渐成为其重要职能。但是,各高校在进行具体的基层教学组织建设时,一定要结合自身的实际情况,合理地定位该组织的职能,不能好高骛远、求大求全,也不要过于注重攀比、注重形式,要使基层教学组织的职能能够有效运行,能够满足学校的需求。

(4)基层教学组织建设功能地位的趋升化。基层教学组织建设功能地位的趋升化既有好处,也有弊端。好处是,随着基层教学组织建设功能的逐渐强大,其地位也在不断提升,表现为教师对基层教学组织的认可度、学校对基层教学组织的重视程度、社会对基层教学组织的认同度等均大大增加,基层教学组织建设迅速发展。弊端是,基层教学组织建设功能地位的趋升化带来了"责、权、利"的扩张,即基层教学组织可能会承担了原本是学校、学院的"责、权、利",造成人才培养、科学研究等方面的职能混乱。因此,捋清基层教学组织建设的功能地位是学校在建设中需要解决的重要问题。

(5)基层教学组织内涵建设的渐进化。基层教学组织的内涵建设是一个根本性的问题,需要精心设计、扎实推进,决不能搞突击、赶进度,一定要按照教学规律与秩序循序渐进地进行。基层教学组织的内涵建设一定要符合社会需求,要在社会需求的引导下进行,同时其内涵建设要与人才培养协调相一致,为高质量人才培养提供支撑。

(6)基层教学组织建设特色的交互化。一个基层教学组织区别于其他基层教学组织的关键是其所具有的特色,也可以说,特色是一个基层教学组织的

"魂"，因此基层教学组织的建设特色成为衡量建设成效的关键点。基层教学组织是由一个个鲜活的个体(教师)组成的，每一个个体都有自身的个性与特质，通过"基层教学组织"这一载体，不同教师的个性与特质得以交互与融合，进而形成基层教学组织的整体特色。

2.基层教学组织建设存在的问题

基层教学组织建设是一项复杂的系统工程，充分认识与了解存在的问题是基层教学组织做好建设的前提，我国高校基层教学组织建设主要存在如下具体问题。

(1)基层教学组织建设的政策落实情况、建设基础参差不齐。虽然国家在政策方面对基层教学组织建设给予了积极的引导与激励，但是由于认识、条件、环境等因素的影响，各个高校在落实基层教学组织建设政策时会产生一些差异。此外，不同高校、不同基层教学组织的结构、功能、经历存在差异，其建设基础参差不齐，这些均使得基层教学组织建设的原生动力不足。

(2)基层教学组织建设的职能不清、权责模糊。基层教学组织不是高校的一级行政组织，而是起到一种组织教师、教学的"载体"功能。高校要充分认识到基层教学组织的"载体"功能，不能搞行政级别管理模式，否则将会产生职能不清、权责模糊等问题，影响基层教学组织的建设与发展。

(3)基层教学组织建设存在着组织离散、有教无研的现象。高校在基层教学组织建设中要考虑到"重科研轻教学"的影响，"重科研轻教学"的思想还在教师的心中根深蒂固，影响着教师的发展方向，使得一些基层教学组织存在离散、有教无研的现象，即基层教学组织仅做一些排课、填写教学报表等工作，得不到教师的认同，许多教师游离在基层教学组织之外，教师之间缺乏充分的交流与研讨，只是被动地完成教学活动，更谈不上组织、开展有效的教学研究。

(4)基层教学组织建设制度不健全，存在管理随意、松散的现象。由于高校的过度扩张，一些基层教学组织只是忙于日常的教学安排与管理，对基层教学组织的建设与发展缺少系统的思考与设计，使得基层教学组织的管理规章制度与运行机制建设较为混乱，存在管理随意、松散的现象。

(5)基层教学组织建设的保障及有效运转有待进一步强化。基层教学组织建设需要专门的建设经费的支撑，不同高校为基层教学组织提供的保障经费等条件存在较大的差别，并具有一定的随意性，这使得基层教学组织的运行时好时坏。基层教学组织的工作难做、运行不畅是其在建设中需要面临的现实问题。

(6)基层教学组织建设存在口径单一、各自封闭的现象。基层教学组织在学校中主要负责教学任务的分配,其工作口径单一,各专业基层教学组织在一定程度上各自封闭,专业基层教学组织之间的交流与融合机会较少。

(7)基层教学组织建设的话语权少,认同度不高。一些基层教学组织只是对教学任务进行简单的上传下达,对学院、学校的一些专业发展规划缺乏系统的思考与研究,也就谈不上话语权。在学校内,基层教学组织所处的学术地位是相对较为弱势的,教师对其的认同度一般不高。

(8)基层教学组织建设的内生力较差,教师教学发展不足。一些基层教学组织在建设中存在内生力差、发展的原动力不足等问题,如一些基层教学组织在建设中仅注重走形式,对建设内涵的认识模糊。因此,基层教学组织在建设中应思考如何引导教师更有效地进行教学,特别是对于年轻教师,应发挥基层教学组织的优势,有效地实施"传帮带"活动,以营造教师教学发展的良好氛围。

上述基层教学组织的建设问题,造成了"唯绩效"现象、"沉默的大多数"现象、"项目化"现象、"个体化"现象、"精英化"现象等,这些现象制约了基层教学组织的建设与发展,影响了高校人才培养的质量。

(三)基层教学组织的结构模式

基层教学组织的结构模式应以学校的办学目标、办学层次、培养目标、教学模式等为依据,结合专业人才培养的实际实施方式加以确立,要注意的是,教学基层组织设置的形式必须与之匹配。目前我国高校基层教学组织的主要结构模式有如下几种。

1.教研室

教研室模式是我国高等教育中最传统的基层教学组织模式,是从苏联引进的,在高校的"校-院-教研室"三级管理体制中处于最低层级。在高校的教学活动中,教师一般按专业教学归属教研室。

教研室的主要职能是开展人才培养的教育教学活动,其内涵主要有两个方面。

(1)教学组织实施。教研室在教学组织实施方面的任务主要有制订教学工作计划(包括培养方案、课程大纲、教学设计、教学计划等)、组织实施教学任务

[包括课堂教学、实践教学、毕业设计(论文)、创新创业等]、开展教学研究与改革(包括教学模式、教学理念、教学内容、教学方法、教学评价等)等。

(2)教学相关建设。教研室在教学相关建设方面的任务主要有专业建设(包括专业的办学定位、培养目标、毕业要求、专业特色、专业文化等)、课程建设(包括课程体系、课程定位、课程内容、课程形式等)、教材建设(包括专业教材体系、教材定位、教材内容、教材特色、教材编写等)、师资队伍建设(包括师德师风、专业能力、教学技能、职业素养等)、实践平台建设(包括校内实验实训平台、校外实践基地等)、学科建设(包括研究生培养、科学研究、成果推广、服务社会等)等。

2.研究所

研究所是20世纪90年代末高校内部进行学院制改革的一个产物,在高校的"校—院—研究所"纵向组织结构中处于最低层。由于兼顾一定的人才培养与教学管理工作,研究所也就成了高校内一种新的基层教学组织,也是被高校普遍认可与采用的基层教学组织形式。

研究所的设立主要依托科学研究,与教研室主要围绕大学生培养、实施教学管理的方式存在很大的不同。研究所虽然也承担一定的教学任务,但其主要精力还是在科学研究与研究生人才培养上,其主要职责功能包括如下方面。

(1)组织开展科学研究。研究所最主要的职责功能是科学研究。研究所按研究方向相近原则把教师组织起来,也就是说,教师按照学科研究方向归属研究所,形成科学研究的共同体,开展研究领域、研究方向相同的科学研究,同时向社会外延,开展科技成果推广服务,满足社会需求。

(2)研究生的教学和培养。研究生的教学和培养是研究所的另一重要职责功能,其优势就是在研究生培养方面拥有大量相关课题的支撑,但其教学研究与教学改革可能相对薄弱。

多年来,受"重科研轻教学"办学导向的影响,许多高校强化了研究所的研究职能,其教学职能相对淡化,从而影响了人才培养的质量。

3.系

系是与研究所同时出现的一种基层教学组织形式,也是在学院的领导之下,在高校的"校—院—系"纵向组织结构中处于最基层。与研究所不同的是,系主要是按专业(群)划分教师的归属,负责组织实施一个或若干个相近专业的教学,主要承担与专业相关的课程建设和管理工作,其组织形式、管理路径与教研室相似。从实质上来说,系是为适应高校扩招而对专业教研室进行的升级。

随着高校内部管理体制改革的进一步深化,为促进高校人才培养与科学研究的融合,有些高校按照二级学科和专业目录,尝试将"系"与"研究所"合二为一,构建"系"与"研究所"为一体的基层"教学-学术"组织,以实现教学与科研的相互促进、相互融合。

4.学科组织

学科组织是近年来以学科为基础发展起来的一种基层组织,在高校"校—院—学科"管理体制结构中也是处于最基层,主要是按一级学科(或学科群)划分构建组织结构,而且按照唯一归属原则(打破了原来教师可以游离在学科、专业之间的现象),使教师归属学科管理。在学科组织框架下,学科组织突破了教研室、研究所、系等"单位制",打破了封闭式的教学组织及研究模式,通过灵活组合课程,满足了人才培养的多元需求及学科建设需要。

学科组织的设立也是一种创新,既突破了教研室偏重教学组织实施而难以承担科学研究的困境,也解决了研究所偏重科学研究与社会服务而疏于教学的问题,真正有效地承担起了教学、科研、人才培养、社会服务等多种职责功能。但也有一些需要思考的问题,如学科组织是否会由此成为包罗万象的基层组织,其是否会与二级学院产生矛盾与冲突等,还有待实践的进一步检验。

二、基层教学组织的建设策略与路径

高校基层教学组织的基本职能是教学与研究,基层教学组织的建设必须从这两个方面入手来探讨教研一体化的建设策略与路径。

(一)基层教学组织建设策略

高校基层教学组织的建设是一项复杂的系统工程,是促进基层教学组织及教师发展的重要过程,可以提高高校基层教学组织的社会显示度,并赋予高校基层教学组织某些外在身份和内在价值。其外在身份就是指人才培养的品牌效应,可有效地吸收优秀生源;其内在价值就是能够培养社会所需要的高质量的人才。

因此,从高校基层教学组织外在身份和内在价值的角度统筹谋划建设策略,厘清建设思路,明确建设内容,对于指导高校基层教学组织的建设具有重要意义,其建设策略可用图 6-6 表示。

图 6-6　高校基层教学组织建设策略

由图 6-6 可见,高校基层教学组织建设策略共分为五个环节。

1.定义

定义高校基层教学组织是建设的起点,定义就是要清楚所建设的高校基层教学组织是什么,也就是要弄清楚建设什么的问题。因此,高校在建设前要进行深入的调查与研究,认真剖析基层教学组织的发展历史与现有状态,结合学校、专业、社会等多方面的需求,科学、合理地定义基层教学组织建设的内涵(包括组织形式、运行机制、师资队伍、教学资源、教育环境等),准确的定义是高校需要解决的首要问题。

2.定位

定位就是确定所建的高校基层教学组织的社会层次或地位(如国家级、省级、校级等)。基层教学组织是一个很宽泛的概念,不同层次的学校(如"双一流"高校、地方普通高校等)、不同的专业(如传统专业、新兴专业、优势专业、自设专业等)、不同的区位环境(如长三角地区、珠三角地区、中部地区、西部地区等)等都制约着高校基层教学组织建设的定位。高校在定位基层教学组织时既不能盲目自大,也不能妄自菲薄,科学合理的定位是其需要解决的第二个问题。

3.建设

建设就是在定义、定位的基础上对基层教学组织建设方案进行规划与设计。这是基层教学组织建设的重要环节。建设方案的规划与设计要从高校基层教学组织应该是"教研共同体"这一基本属性出发,明确"教研共同体"是开展教学与研究、推动教学改革、提高教学质量、实现人才培养目标的最基层教学组织结构("教研共同体"的外在形式可以不拘一格,根据各学校的具体情况而定)。基层教学组织建设的规划与设计应考虑如下问题。

(1)统筹规划,合理优化组织结构。从管理学的角度来说,组织的结构决定了组织的功能。组织结构的设置与优化是基层教学组织建设的首要任务,其设置与优化原则就是要有利于最大化实现人才培养目标,并保证组织功能能够得到最大限度的发挥。

(2)理顺关系,增强组织活动能效。理顺关系就是要明确"教"与"研"的关系,正确把握教学、教研、科研的对立与统一关系,保障教学、教研与科研的协调发展,共同促进人才培养质量的提高。

理顺关系还要确保基层教学组织的开放性,这是增强组织活动能效的重要机制保障。基层教学组织通过开放性的建设,可以大大促进组织内部与组织外部的各种交流,打破传统的学科壁垒与行政界限,实现资源的共享。基层教学组织开展开放性活动,可以拓宽教师的知识结构与思维层次,也可以拓宽人才培养的口径,推动跨专业、跨学校乃至跨国的基层教学组织活动的开展,有利于增强基层教学组织的活力。

(3)保障经费,强化组织基础。建设经费是基层教学组织建设的保障。针对基层教学组织的建设,学校(或学院)要节流开源,保证建设经费的使用效益。学校(或学院)一方面要逐年增加基层教学组织的建设经费,另一方面要制定相关激励机制,引导基层教学组织申请政府部门或社会企业的建设经费,不断扩充建设经费的总量。

在"开源"的同时,学校(或学院)也要"节流优化",要把有限的经费用在最需要它的地方,要精心优化经费的配置与使用。基层教学组织建设最关键的是师资队伍、教学研究、专业、课程、教材建设这五个方面,它们相辅相成,构成了统一的基层教学组织人才培养的基础。

(4)搭建平台,打造一流师资。教师是基层教学组织的核心。只有拥有了一流的教师,基层教学组织才能成为一流的组织,才能培养出一流的人才。基层教学组织在建设中需要考虑搭建什么样的平台才能最大限度地吸引与聚集教师,才能有利于教师的交流与发展。平台的外在形式有很多,但其本质是教师命运共同体。

为此,基层教学组织要成为"教师之家",要开展各项有利于教师发展的活动。学校(或学院)要形成"人才强校"的氛围,让教师感受到自己的工作是有意义的,要为教师提供个性发展的机会,强化教师个性发展的主动意识。

(5)深化改革,健全责权分配机制。责权分配机制是基层教学组织建设的保障,只有建成良好、有效的责权分配机制,才能不断推进基层教学组织的建设。

基层教学组织作为高校的第一线组织,承担着教学、学科和课程建设与教学管理等繁重工作及任务。为保证工作的顺利展开,高校必须要建立、健全责权分配机制,才能调动基层教学组织的积极性,充分发挥广大教师应有的作用。现在有许多高校在改革管理制度,一方面将原来学校(或学院)的管理权限下移,形成了"学校—学院—基层教学组织"齐抓共管的育人管理模式,避免了因权力过于集中而造成"学校(或学院)急、下面松(与己无关)"的工作局面;另一方面要加强对基层教学组织负责人的选拔与培养,并赋予其适当的权力与责任,使得基层教学组织在工作时有一定的自主性,能充分发挥其应有的功能。

4. 创新

创新是基层教学组织建设的灵魂,创新必须要摒弃传统的学科逻辑、课程逻辑与单位逻辑,树立科学合理的基层教学组织价值取向,也就是要思考基层教学组织为何存在、存在的价值是什么。简单地说,人才培养离不开基层教学组织,基层教学组织通过科学合理地运用各种教学资源来培养社会所需要的人才,这就是基层教学组织的价值所在。因此,基层教学组织建设的创新主要应从其自身结构、教学资源的有效配置与共享这两个方面入手。

(1)基层教学组织自身结构的创新。这种创新要建立在对基层教学组织有正确认识的基础之上。美国高等教育界的著名专家伯顿·R.克拉克(Burton R.Clark)在《高等教育系统:学术组织的跨国研究》[①]一书中,从组织的观点把高等教育系统看作由生产知识的群体构成的学术组织,深刻地揭示了高等教育的本质特征,提出了高等教育系统基本的组织要素是工作、信念和权力,这三大要素构成了高等学校纵横交错、千姿百态的组织系统模式,这也为基层教学组织自身结构的创新提供了理论参考。

(2)教学资源的有效配置与共享创新。基层教学组织的活动需要各类资源的保障,但资源的有限性是客观存在的,因此教学资源的有效配置与共享创新在组织建设中就显得尤为重要。教学资源的有效配置与共享创新要立足于生态效应,推进基层教学组织的交叉集成,在一所高校中,各类基层教学组织应形成一个系统、完整、开放、共享的生态系统,让学生能够在这种智力生态系统中感受到智慧的光辉。

5. 提升

提升是高校基层教学组织建设策略的最后一个环节,其实质就是持续改

---

① 伯顿·R.克拉克.高等教育系统:学术组织的跨国研究[M].王承绪,徐辉,殷企平,译.杭州:杭州大学出版社,1994.

革、螺旋上升。这就需要对上述四个环节进行全面的认识与总结,并及时反馈,最终形成高校基层教学组织建设策略的闭环。

高校基层教学组织建设的提升关键是寻求新的突破点,可以从如下三个方面思考。

(1)人才培养的价值取向是基层教学组织建设的灵魂。我国开启了全面建设社会主义现代化国家新征程。党和国家事业发展对高等教育的需要,对科学知识和优秀人才的需要,比以往任何时候都更为迫切。我们要建设的世界一流大学是具有中国特色社会主义的一流大学,我国社会主义教育就是要培养德智体美劳全面发展的社会主义建设者和接班人。这就为基层教学组织建设指明了价值方向,即基层教学组织建设要紧紧围绕人才培养,不断提升建设水平。

(2)科教融合的路径是基层教学组织建设的抓手。科教融合是基层教学组织最突出的特征,也是基层教学组织建设的重点和难点。这不是简单地改变基层组织姓"教"还是姓"研"的问题,关键是如何在基层教学组织建设中建立科学的"教学—科研"关系,达到教学和科研的统一与协调,实现基层教学组织功能的最大化。

(3)课程群是基层教学组织建设的基础。人才培养最终要落实在教学上,教学的载体就是课程群(这里的课程是广义的课程,包括人才培养过程中实施的各类课程,如理论课、实践课、实训课、社会调查、岗位实习等)。同时,课程是学科与专业、教学与科研融合的纽带,在人才培养过程中,要将教学与科研有机地统一起来,实现教学与科研相融合的育人途径,以此来提高人才培养的综合质量。

(二)基层教学组织建设路径

建设路径的选择与实施对基层教学组织建设具有重要的意义,对于不同的高校、不同的专业(学科)来说,其建设路径可能千差万别,如何认识与选择建设路径,是基层教学组织建设的又一重要问题。

《教育部高等教育司关于开展虚拟教研室试点建设工作的通知》指出:"加强基层教学组织建设,全面提高教师教书育人能力,是推动高等教育高质量发展的必然要求和重要支撑。"这是基层教学组织建设路径选择的基本原则,也就是说,基层教学组织建设路径要有利于全面提高教师教书育人能力,有利于推动高等教育高质量发展。根据这两个"有利于",基层教学组织建设的路径选择如图 6-7 所示。

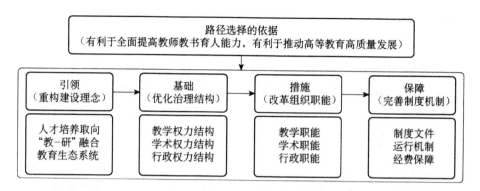

图 6-7 基层教学组织建设的路径选择

由图 6-7 可见,基层教学组织建设的路径选择由四个环节构成:第一个环节,重构建设理念是引领,要确立人才培养的价值取向,树立"教–研"融合的思维,构建人才培养的教育生态系统;第二个环节,优化治理结构是基础,在建设理念的引导下,通过对教学权力结构、学术权力结构和行政权力结构的优化重构,为基层教学组织提供一个科学合理的组织架构;第三个环节,改革组织职能是措施,在优化治理结构的基础上,实施职能改革,从教学、学术与行政的角度明确基层教学组织的职能;第四个环节,完善制度机制是保障,上述三个环节的落实需要制度、机制与建设经费的保障,通过不断完善制度与运行机制,并提供稳定的建设经费,使基层教学组织建设能够顺利进行。

三、虚拟教研室

(一)虚拟教研室概述

虚拟教研室是高校基层教学组织建设的一种新形态。《教育部高等教育司关于开展虚拟教研室试点建设工作的通知》指出:"虚拟教研室是信息化时代新型基层教学组织建设的重要探索。为贯彻落实《教育部关于加快建设高水平本科教育全面提高人才培养能力的意见》(教高〔2018〕2 号)和《教育部关于深化本科教育教学改革全面提高人才培养质量的意见》(教高〔2019〕6 号)等文件精神,探索推进新型基层教学组织建设,经研究,我司决定开展虚拟教研室试点建设工作。"由此吹响了高校基层教学组织改革与创新的号角,为高等教育的资源共享提供了新的有效路径。

1. 虚拟教研室的含义

虚拟教研室一般是在教学、学术或研究上有共同意愿,致力于提高教师教学能力,推动高等教育高质量发展的不同地理区域、不同学校、不同专业、不同实体教研室的教师自愿组成的一种松散式的、虚拟状态的基层教学组织。

虚拟教研室在成立时,首推德高望重的教学、学术领军人物担任教研室主任(负责人),教研室主任(负责人)不享受任何津贴。虚拟教研室也有相关的规章制度,但不具备强制性。成员之间以搞好教学和科研、促进人才培养质量的提高为目的,达成了一种默契,进而形成了一种责任的约定,因为只有遵循这种默契的责任约定的人才能被虚拟教研室的其他成员所接受。

2.虚拟教研室的特点

虚拟教研室是在网络信息快速发展的时代背景下,基于现代信息技术平台而发展起来的一种新型教学组织形态,其特点主要表现在如下方面。

(1)虚拟教研室运行的网络信息化。虚拟教研室是跨地理区域、跨学校、跨专业、跨不同实体教研室成员组成的基层虚拟教学组织,其正常的运行必须要依赖于网络信息平台,因此虚拟教研室具有显著的信息化特点。高校在虚拟教研室的建设中要充分考虑信息化的特点,做好相应的网络与信息化平台建设。

(2)虚拟教研室的协同融合性。虚拟教研室成员之间存在时间与空间上的自然分隔,成员之间如何有效地进行沟通与交流尤其重要,因此虚拟教研室的协同融合是基层教学组织建设的又一重点。成员为了相同的发展目标而在虚拟教研室的框架下构建教师共同体,共同促进人才培养质量的提升。

(3)虚拟教研室的开放性。首先,虚拟教研室的开放性是指成员(教师可能是本校的,也可能是外校的,还可能是校聘的企业教师)可动态加入和退出虚拟教研室。虚拟教研室成员的这种动态加入与退出的机制,使得虚拟教研室能够持续改进,不断地创新发展,以保持其先进性。其次,虚拟教研室的开放性有利于建设成果的持续累积,对于促进教师教学能力提升、人才培养质量全面发展具有积极的推动作用。最后,虚拟教研室的开放性有利于共建共享。开放性带来的共建共享,使得教育欠发达的西部地区等也能够共享优质教学资源,从而促进相对落后地区的教育发展。共建共享还可以使不同水平的成员之间共同发展。

(4)虚拟教研室的跨界性。从虚拟教研室上述三个特点和教育未来的发展趋势来说,虚拟教研室的跨界性(跨专业、跨校、跨地域)不言而喻,虚拟教研室的跨界建设需要虚拟实践的支撑。虚拟实践是人类对其实践方式进行的具有历史意义的重大变革,虚拟实践第一次使人类的实践对象不再是纯粹的物质世界,而是以信息符号处理转换作为实践手段,并在人工智能和人的感官体验的基础上扩展语言符号系统,并将其"再造"成虚拟的符号系统,来构建人的创设对象。

3.虚拟教研室的分类

虚拟教研室的分类目前还没有严格的标准,依据《教育部高等教育司关于开展虚拟教研室试点建设工作的通知》,可按两种方式对虚拟教研室进行分类。

(1)按建设范围分类。虚拟教研室可分为校内虚拟教研室、区域性虚拟教研室、全国性虚拟教研室。教育部为扩大虚拟教研室的辐射与"传帮带"作用,鼓励有条件的高校建设全国性或区域性的虚拟教研室。

(2)按建设内容分类。虚拟教研室可分为课程(群)教学类虚拟教研室、专业建设类虚拟教研室、教学研究改革专题类虚拟教研室等。

虚拟教研室的分类使人们更加明确其内涵,也方便教师根据自己的需求与发展目标有针对性地选择要参加的虚拟教研室类型,使虚拟教研室的建设更加务实与灵活。

(二)虚拟教研室建设原则

虚拟教研室是当今高等教育发展中涌现出来的新生事物,如何建好虚拟教研室是目前研究者关注的热点。《教育部高等教育司关于开展虚拟教研室试点建设工作的通知》指出:"以立德树人为根本任务,以提高人才培养能力为核心,以现代信息技术为依托,试点先行、稳步推进,建设 批类型多样、动态开放的虚拟教研室,建强基层教学组织,引导教师回归教学、热爱教学、研究教学,为高等教育高质量发展提供有力支撑。"这就为虚拟教研室这一基层教学组织的建设指明了方向。

1.突破传统教研界限,创新教研新形态

虚拟教研室建设要探索如何突破传统的专业、学科、校园及时空界限,充分运用互联网、信息技术,构建将高效便捷、形式多样、"线上+线下"相结合的虚拟教研室成员之间的交流与沟通模式,形成基层教学组织建设管理的新思路、新方法、新范式,充分调动教师的教学活力,厚植教师教学成长沃土。

2.加强教学研究,探讨人才培养机制

虚拟教研室建设要能够充分发挥不同成员的教学优势,形成依托虚拟教研

室的教学研究氛围（环境），深化成员之间的教学研究协作与融合，推动教师加强对专业建设、课程实施、教学内容、教学方法、教学手段、教学评价等方面的研究与探索，提升其教学研究的意识，凝练和推广研究成果，形成人才培养的新模式。

3.明确分工合作，共建优质教学资源

虚拟教研室建设要形成以责任约定为核心的管理机制，要有明确的分工合作，各虚拟教研室成员要在充分研究与交流的基础上，协同共建人才培养方案、教学大纲、知识图谱、教学视频、电子课件、习题试题、教学案例、实验项目、实训项目、数据集等教学资源，形成优质共享的教学资源库。

4.深化教师培训，提升教师教学能力

虚拟教研室建设要抓住"教师培训"这一主题，利用虚拟教研室中的国家级教学团队、教学名师等资源，开展常态化的教师培训，发挥"以老带新""传帮带"作用，推广一流课程、优质教材的示范与引领作用，开展教学技能培训，实施教师集体备课、教学观摩、教学评价、教学竞赛，促进一线教师教学能力的提升与发展。

第三节　大学生人才培养的专业建设与发展

一、专业建设概述

(一)专业建设的意义

1.专业建设的人才培养基础意义

专业是人才培养的基础，也就是说，专业建设是培养卓越从业者（社会生产所必需的劳动者），以及科学研究人才、工程技术开发创新人才的基础工程。关于做好专业建设，教育部已在 2019 年开始陆续遴选出三批国家级一流专业建设点。

高校应借助国家遴选一流专业建设点的契机，通过国家级一流专业建设点的建设示范与引领作用，促进传统专业的升华与蜕变，形成能够为国家高等教育提供优质人才的育人平台，构建为国家发展提供专业学科支撑的完整专业体系。

2.专业建设的社会发展需求意义

专业以社会发展需求为前提,不同类别的高校在专业建设时,其指导思想、实施途径、建设类型等千差万别。各高校要从实际出发,依据自己的办学定位、发展方向,坚决摒弃"脱离社会、脱离生产、重形式、轻内涵"的传统专业建设模式,树立"思想引领、意识创新、产出导向、价值追求"的专业建设理念,认清专业建设的要义,遵循"认识—实践—再认识—再实践"的基本原则,从"社会需求—社会生产(供给)"这一社会基本矛盾出发,在广泛的社会调查与分析的基础上,探讨本专业建设的基本规律,切实厘清专业建设的内涵与外延,以社会需求的高素质人才培养为中心,创新专业建设机制,全面、深入、系统地探讨专业建设的新思维、新路径、新方法,构建具有中国特色的专业建设模式。

3.专业建设的规范意义

高校在专业建设中应遵循百花齐放、突出特色、创新发展的理念,同时专业建设有其自身的规律与标准要求。《教育部办公厅关于实施一流专业建设"双万计划"的通知》提出:"切实落实专业国家标准要求,人才培养方案科学合理,教育教学管理规范有序。"无论是老专业,还是新专业的建设,都必须满足专业国家标准要求的底线,使专业建设有规可循,使建设措施落在实处,这是专业建设的基本内容,为专业建设确立了基本方向。人才培养方案是专业建设的核心内容,科学合理的人才培养方案确定了人才培养的规格及路径。教育教学管理是专业建设的关键内容,规范有序的教育教学管理是专业人才培养质量的保障。学校诵讨专业建设构建科学合理的教育教学管理体系与运行机制,能够保证教学活动的规范、有效运行。

(二)专业建设的内涵与外延

1.专业建设的内涵

(1)专业的基本属性。专业存在的意义就是满足社会发展的需求,这一需求是以人为中心的,也就是人类发展的需求。

"人类发展的需求"是一个广义的概念,首先,它包括精神、文化、物质、生理、心理等方方面面的直接需求(也可叫作人类的索取);其次,它指为了满足这些直接需求而进行社会生产的需求,该需求同样是以人为中心的,是具有劳动能力的社会人在一定社会条件的制约下,按照一定的目标、组织、方式而进行的有序社会生产(或者叫作对人类需求的供给),这种以人为中心的两种不同的需求,就是"需求-供给"这对社会发展基本矛盾的一种表现。

"需求-供给"这一矛盾关系的纽带就是人,只有从自然人成长为具有劳动能力的社会人,才能为社会所接纳,才能为社会生产所需要。为了适应这种需要,高等教育的"专业"就应运而生了。高等教育可以通过各类专业平台,实施系统、有效的专业教育,培养满足社会不同需求的各类专业人才,培养出来的专业人才又不断促进社会生产需求水平的提升,进而促进人与社会的协调发展。

因此,教育的本质就是如何育人,而专业就是为教育提供育人的载体。国家"一流专业"建设就是应用系统工程的观点与方法,以各类高校为依托,结合国家、社会等方面的人、财、物等资源,建设适合人才培养的专业载体,按照社会需求对人进行系统教育,最终培养出能够满足与适应社会不同类别、不同层次需求的专业人才。

当然,对人进行教育的载体可能有多种形式,但在当今的高等教育体系中,比较合适的载体就是各高校设立的专业。从专业建设的角度来说,为满足社会不同种类、不同层次的人才需求,高校必须根据社会的各种需求进行相应专业的设立与建设,使之成为培养某种需求人才的合适载体。据此,专业必须具备以下两个基本属性。

①专业满足社会需求的属性。专业的设立与发展必须承载社会的需求,这是专业存在的基本属性。在专业建设时,正确理解、分析与处理好专业的需求属性是至关重要的。

首先,要思考专业的服务需求对象。社会的需求千差万别,对于具体的专业,要寻求适合专业特色的服务需求对象。只有这样,专业产品(专业培养的人和提供的服务)才能有输出市场,专业才能有生存与发展的空间。

从社会生产需求角度来说,《教育部办公厅关于实施一流本科专业建设"双万计划"的通知》提出"建设新工科、新医科、新农科、新文科示范性本科专业",就是强调专业的设立与建设要突破传统理念,根据社会生产的变化发展与需求,主动适应日新月异的科技革命与产业变革,着力优化专业结构,不断深化专业综合改革,打造专业特色,创新发展,以适应社会生产的新需求。

其次,专业要能够适应社会需求的动态变化性。运动变化是万物永恒的本质,社会需求也是随时空发展而变化的。社会需求在经过一定变化后,总会趋向一个相对静止(稳定)的阶段,随后又会进入新的变化期,并再次进入新一轮的相对静止(稳定)阶段,这样周而复始,不断循环,形成"变化—静止—再变化—再静止"的社会需求发展规律。为此,高校要能够把握社会需求的这种发展趋势,感知社会需求的这种变化,利用社会需求相对静止(稳定)阶段,适时调整专业的发展方向与目标,促进专业与社会需求的协调发展。

②专业是人才培养教育载体的属性。为满足人才培养的社会需求,高校必须为各专业的思维方式、逻辑结构、运行机制、培养目标、毕业要求、课程体系等形而上的抽象层面的内涵赋予一定的物质形态,构成形而下的物质载体,由此才能使教育过程得以感知、实施、评价、改进、提升与发展,这就是专业作为教育育人载体的属性。专业的载体属性的本质就是将教育育人的内涵信息物化,形成可感知的操作,输出看得见的专业人才与社会服务。

从专业的内涵来看,各专业的载体不可能是单一的物态形式,而是由若干不同物态载体单元(如教师、课程、实验室、图书资料、学生、班级等)构成的、具有一定逻辑结构与功能的载体体系。因此,各专业的载体可能有不同的组合模式,进而形成不同的功能。高校在专业建设过程中既要注意载体的简明、有效,又要关注载体的功能,要从"以人为本"的角度,从人才培养的目标出发搭建各专业的载体,要能够充分体现专业的内涵与特色。

例如,在课程这一载体单元的构建方面,高校普遍存在课程设置受教师(教师能教什么课程)与专业总学时的制约,缺乏人性化,在一定程度上限制了学生的选择自由与兴趣发展。国外的一些知名大学,如美国的哈佛大学的课程设置相对较多,但这会带来另一些问题,即课程设置多了谁来教,在学生选择较为分散的情况下如何教等,这就涉及专业的另一载体——"教师"的问题,是专业建设中需要协同思考与解决的问题。由此可见,专业的载体体系中的各载体单元要素之间既相互关联,又相互制约,做好各载体单元要素的建设是构建有机、完整的专业载体体系的基础。

再如,在课程这一载体单元要素的构建过程中,高校必须打破传统课程设立的思维模式,树立淡化知识传授、培养系统思维、训练工程方法、强化综合技能的理念,遵循从宏观到微观的课程体系建设,即由社会需求导向建立课程体系,并由课程体系的逻辑结构来确定课程类别,再由课程类别确定出具体的课程,同时要思考每一门课程对整个课程体系来说是否都是必需的,各门课程对学生的技能培养发挥了什么作用等。

这里涉及整体与个体的系统协调问题,既要充分把握课程体系整体的培养目标,又要充分认识与理解每一门课程的教学目标、教学内容以及如何组织课程等问题。例如,高校设置专业核心课程的目的就是保证学生在学习专业知识的"细枝末节"之前,对其所置身的专业有一个框架性的理解与探索,也就是在研究树木之前,先了解该树木所在的森林。

(2)专业的基本特征。第一,多样化。这是专业的基本特征,也是高等教育适应社会需求多样化的具体落实。专业的多样化充分体现了学校、专业背景、教学模式、人才类型、人才层次、社会需求等的多样化。第二,学习化。在信息时代,高校要能够为学生提供超时空的专业学习,要更新管理者、教师、学生对学习的认知与习惯,将传统的课堂教学与线上教学有机融合,实施人性化的教学模式,如弹性学习、兴趣学习、项目学习、创新学习等,推进"教-学"的互动与碰撞,实现"教-学"的升华。第三,个性化。专业不能只是一种模式,要有其自身的个性。个性是专业的"魂",是某一专业有别于其他专业的特质。高校要思考其所设置的专业的个性是什么、如何彰显专业个性,可从其所培养的人才技能特色、面向社会的服务方向等方面加以考虑。第四,现代化。当今科学技术、信息技术等的发展在不断催生新的事物,社会需求也在不断变化,这些都需要专业的现代化作为保障。高校要结合自身所在区域、所在地区的社会经济发展水平等进行综合考虑,以专业的现代化推进人才培养质量的提高。

2.专业建设的外延

多样性是生态系统保持稳定的必要条件,是事物创新发展的基础。未来社会发展的不确定性使得多样性成为专业建设的重要外延特征与发展趋势。

以人类需要为导向的专业建设架构就是根据专业的基本属性与外延特征,重点解决两个基本问题:一是社会发展的需要是什么,二是如何满足这种需要。

(1)专业存在的外延基础。马克思说过:"没有需要,就没有生产。"这深刻阐述了社会需要与社会生产之间的矛盾关系。也就是说,社会需要决定了社会生产的目的,是社会生产的动因和归宿;反之,社会生产必须适应与满足社会发展的需要,这就是专业存在的外延基础。因此,高校在设立与建设专业时必须要厘清社会需要与社会生产之间的矛盾关系,深刻认识专业在社会需要与社会生产这对矛盾关系中的桥梁作用,这种关系如图 6-8 所示。

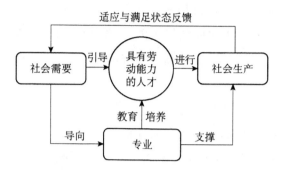

图 6-8　专业在社会需要与社会生产矛盾关系中的桥梁作用

由图 6-8 可见,社会需要与社会生产这对矛盾关系是通过具有劳动能力的人才这个积极、活跃的社会要素进行联结与协调的,而具有劳动能力的人才是以专业为载体进行教育与培养而产生的,这是专业的第一个桥梁作用。此外,专业是以社会需要为导向而存在的,高校通过对社会需要进行深入调查与分析,为专业的设立和建设提供方向与目标。这样,专业就会将社会需要的内涵融入对社会生产的支撑过程中,发挥专业为社会生产服务的支撑作用,这是专业的第二个桥梁作用,并与第一个桥梁作用共同构成社会需要与社会生产的联结桥梁,从而实现社会需要与社会生产这一矛盾共同体的协调发展。

社会生产为人类提供了各种精神、物质等方面的产品,同时社会生产者根据是否满足社会需要进行适应与调节,由此形成了"需求-供给"这一社会基本矛盾的运行机制。专业在这一机制中发挥着纽带作用,社会生产为专业的存在提供了外延基础。

(2)专业建设的外延要素。要分析专业建设的外延,还是要从社会需要与社会生产这对基本矛盾关系出发,无论时代如何变化,但万变不离其宗,专业在"需求-供给"矛盾关系的动态平衡中起到桥梁作用,这一点是不会改变的。为实现这一目标与功能,高校必须思考专业建设的多样性、包容性与规范性。

①专业建设的多样性。社会形态与发展需求的多样性导致了专业建设的多样性,专业建设需要考虑到不同组织、个体及相关方的利益,由此才能得到来自社会方方面面的协作与配合,特别是随着近年来以新模式、新业态、新技术、新产品为特点的新经济高速发展,社会对专业人才的需求更加多样化,专业建设的多样性更加重要。专业建设的多样性可以从系统、组织、个体三个层面进行分析。

首先,系统层面。专业建设是一个复杂的、有机的系统,是由不同层次、不同类型的专业组成的,专业之间既相互联系,又相互区别,系统通过专业的多样化来适应社会需求的多样化,高校通过系统的专业建设,承载了培养能满足各种需求的专业人才的使命。

其次,组织层面。专业是高等学校人才培养的基本单元,每一个具体的专业都有其特定的组织结构,并呈现出对应的组织功能,也就是要能够有效地将德智体美劳的教育内涵融入专业人才培养之中。一般来说,专业组织结构由教育者(如校内专业教师、校外兼职教师等)、受教育者(如在校学生、在职学习者等)、教育机制(如培养目标、毕业要求、培养方案、课程体系等)、教育资源(如课程、教材、实验项目、实习基地等)、教育环境(如学习场所、校园文化与环境等)等专业要素构成。不同的专业组织要素构成了不同的专业结构,呈现出了专业组织层面的多样性。专业组织要素既有静态的特征,又有动态的特征。高校在专业建设过程中,要把握不变的基本规律("需求—供给"矛盾关系),探讨社会需求发展变化的趋势,充分发挥专业在社会发展过程中的桥梁作用。

最后,个体层面。个体主要指专业组织结构要素中的教育者与受教育者,这是专业组织结构中最积极、最活跃的要素。受个体生理结构、心理—文化结构与社会关系等多种因素的影响,专业建设呈现出个体层面的多样性特征,进而影响培养对象在将来职业预期与发展路径上的多样性。例如,个体可能在某一科学领域继续深入研究发展,也可能向行业的管理者、创业者等方面发展。

多样性是客观世界普遍、客观存在的特质,专业建设如能充分发挥多样性的规律价值,就可以让多样性带来的差异驱动专业人才培养的创新。反之,忽视多样性的存在或纵容多样性的过度发展,都会诱发多种矛盾,导致专业人才培养问题的凸显。

②专业建设的包容性。包容性的一般意义是指某个社会个体或某个社会主体能够包容客体的特性,专业建设的包容性特指在专业建设中,不同个体与客体之间相互包容,使专业成为人才培养的"包容器"。首先,高校要在理念上体现专业人才培养的公平性,为每位学生提供平等的接受教育的机会和条件,平等地传授其知识与培养技能。其次,高校要注重"以人为本",尊重每位教师与学生的特点和差异,关心每一位学生的知识、技能、动机、价值、心理、人格的协调发展,注重专业交叉、产学融合、工程实践、国际合作等教育环节,把握专业

人才成长的规律,从教学内容、教学问题、教学组织三个方面进行精心设计,相对淡化知识传授,强化技能培养,营造一种包容性的人才培养环境。

③专业建设的规范性。专业建设的规范性是指高校依据专业建设设定的目标,对专业建设提出的具体要求、采取的措施或规定的行为等。《教育部办公厅关于实施一流本科专业建设"双万计划"的通知》明确指出了"一流本科专业"必须"专业定位明确、专业管理规范、改革成效突出、师资力量雄厚、培养质量一流"。高校要从这五个方面入手,严格、规范地设计、实施专业建设,将规范性作为专业建设的基本前提,使专业建设能够符合教育教学的规律,从人才培养目标、毕业能力要求、课程体系、资源建设、保障条件、评价机制等方面出发,为人才培养提供规范性的专业教育平台。

3.专业建设内涵与外延的架构及逻辑关系

(1)专业建设的内涵与外延架构。专业建设的内涵与外延架构模式如图6-9所示。

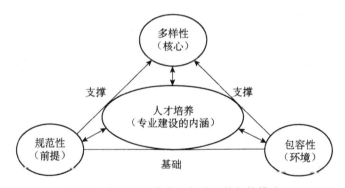

图 6-9　专业建设的内涵与外延的架构模式

图 6-9 清晰地反映了专业建设的内涵与外延架构,它围绕"人才培养"这一专业建设的内涵,向外展示了多样性、包容性与规范性三个外延要素,这构成了专业建设的外延体系。在这三个外延要素中,包容性、规范性是基础,两者共同支撑着多样性,多样性是"一流专业"建设的外延核心。三个外延要素可以协同或独立地与"人才培养"这一专业建设的内涵相互作用,不断促进专业人才培养质量的提升。

(2)专业建设内涵与外延的逻辑关系。专业建设的内涵与外延的逻辑关系就是事物本质与现象的对立统一关系,任何事物都有本质和现象两个方面。本质和现象是统一的,同时两者有一定的差别。专业建设的本质(就是以人为本、以社会需求为导向的人才培养)从整体上规定了专业人才培养的性质及发展方向。专业建设的外延从包容性的专业环境、规范性的专业前提、多样性的专业核心三个不同侧面表现了专业人才培养的本质。

为厘清与把握专业建设内涵与外延的逻辑关系,必须注意如下两个方面。

①理性认识专业建设的内涵。在专业建设中,首先要结合本专业的发展历程和现实状态对"专业"的概念进行思考与概括,梳理"本专业是一个什么样的专业"的问题,在此基础上探讨本专业的人才培养要素,如专业文化、学生为本、师资队伍、教学平台、实践平台、信息资源、专业环境、运行机制等,采用逻辑思维的方法正确识别各专业要素的关系,并进一步依据已知的要素关系去分析并综合推理出更深层次的关系,从而明确本专业在"需求—供给"这一基本社会矛盾关系中的地位及作用,最终把专业建设的一般性内涵转化为具有本专业特色的人才培养内涵。

②客观感知专业建设的外延。专业的建设状态与发展趋势是由其外延现象对外呈现出来的,这些外延现象是丰富的、多变的,也是可以被感知的。客观地感知专业建设的外延现象,就是通过对所感知的外延现象的存在形式、承载信息、运行轨迹等客观资料进行分析、处理,深入了解专业建设的效果及存在的问题,并通过专业建设的反馈机制对专业建设进行持续改进。为此要注意如下几点。

一是要有合理的感知方法与技术。感知方法与技术是指为解决在专业建设与人才培养的过程中客观存在的外延现象是否能感知、如何感知的问题而采取的措施。感知是认识的开始,通过感知获得的相关信息资料,可为进一步的专业建设与人才培养奠定基础。

二是要有科学的处理方法与技术。对于感知到的信息资料,必须通过筛选、分类、分析、处理后才能去伪存真。专业建设涉及的信息非常广泛,既有人文管理方面的内容,也有专业技术上的内涵,还有对人的心理与行为方面的考量。因此,正确使用科学的处理方法与技术是至关重要的。

三是要有有效的反馈机制。客观感知专业建设外延现象的最终目标就是促进专业的持续改进,有效的反馈机制是实现这一目标的保障。高校要建立多渠道、多方位、多内容的"反馈—整改—反馈"机制,使得客观感知的专业建设外延信息能够得到及时反馈,以此来不断促进专业内涵的丰富与发展。

(三)劳动能力与人才的关系

专业建设的目的就是培养社会所需要的高质量人才。那么,什么是人才? 劳动能力与人才的关系是什么?

马克思在对资本社会生产矛盾运动进行深入研究后提出了"教育生产劳动能力"[①]的重要观点,这一观点明确阐释了教育的本质就是生产劳动能力。

一个人(自然人)遗传而来的某些潜能并不是劳动能力,劳动能力是人进行生产活动,特别是现代社会生产活动时必须具有的能力,包括体力和智力两个方面,是体力和智力的总和,具体表现在人所具有的认知、思维模式、知识、技能、心理素养与行为规范等方面。劳动能力又可分为一般性劳动能力、职业性劳动能力和专门性(特殊要求)劳动能力。不同的专业教育可以形成不同的劳动能力,使得自然人成为能够满足不同劳动能力需求的社会人,也就是我们常说的专业人才。

由此可见,劳动能力是自然人成为专业人才的基本内在条件,换句话来说,专业人才是指具有劳动能力的社会人。因此,劳动能力的培养是评价与衡量教育成果的标准,也是专业内涵建设的导向。

在社会生产中,不同的行业领域、不同的职业、不同的岗位等对劳动能力的要求是不同的,并且随着社会的发展而变化。一个国家的发展不仅需要科学家,也需要工程师,他们具有不同的劳动能力,共同组成了社会发展所必需的社会生产力。这些不同层次、不同类别、不同性质、不同需求的劳动能力就是通过不同层次、不同类别的专业教育才得以细化、落实与实施的,由此形成了培养具有劳动能力的人才的专业体系。因此可以说,人才是自然人具有了劳动能力后的客体,劳动能力是人才的内涵,人才是劳动能力的载体。

利用专业的不同载体,通过系统的专业教育,可以促使自然人成为与社会发展需求相适应的、能够进行社会生产的专业人才,而专业人才的培养要求又影响与制约着专业的内涵发展,对不同类型人才(如卓越从业者与拔尖学术人才)的培养会对专业的内涵建设产生显著影响。

对于卓越从业者的培养,《中华人民共和国职业分类大典(2022 年版)》将职业归为 8 个大类、79 个中类、450 个小类、1639 个细类。高校在专业建设过程中

---

① 梁渭雄,孔棣华. 现代教育哲学[M]. 广州:广东高等教育出版社,1997.

必须结合职业分类构造专业内涵,进而培养相应职业的劳动能力。

对于拔尖学术人才的培养,如对高端芯片与软件、智能科技、新材料、先进制造和国家安全等关键领域的拔尖人才培养,高校要发挥基础学科的支撑与引领作用,结合拔尖学术人才具有的较高的敏感性、反省力与创造性等特质,构造相应的专业内涵,以此来实施对应的专业教育。

二、专业建设的影响因素

专业建设是一项复杂的系统工程,涉及的因素繁多,总体上可分为专业内部因素与专业外部因素两大类,如图 6-10 所示。

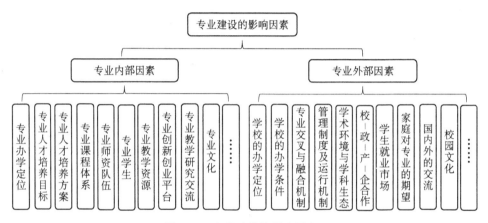

图 6-10 专业建设的影响因素

专业建设一定要结合人才培养的定位与社会需求,分类别、分层次地对这些要素进行分析与研究,探讨其对专业建设的影响,有针对性地采取建设措施,提升专业建设的有效性。下面就主要影响因素做简要说明。

(一)专业建设的内部影响因素

1.专业办学定位

专业办学定位就是根据社会对专业人才的需求和专业所处的地理位置及依据的行业背景,通过对专业办学历史的综合分析而确立的专业人才培养规格及服务区域。这是专业建设首先要思考的问题,专业办学定位的准确与否将直接影响专业的发展及专业人才的培养。

2.专业人才培养目标

专业人才培养目标是专业建设的灵魂,将直接影响专业人才培养过程的方向与具体内涵,进而影响专业人才的培养质量。专业人才培养目标的制定一般要从学科与专业的本质出发,紧扣专业的办学定位,满足社会经济发展与行业的需求。

3.专业人才培养方案

专业人才培养方案是人才培养的法定文书,也可以说是专业(也就是学校)与学生之间的培养合同。专业人才培养方案详细地规定了大学对学生的培养要求与具体的教学任务安排,如培养目标、达到毕业的能力要求、需要学习的课程、学习的时间、毕业授予的学位等,因此专业人才培养方案的制定是一项极其严肃的工作,一旦制定好就要一以贯之地执行下去,如果在执行过程中出现问题且确实需要调整的,一定要遵循相应的程序,由专业到学院再到学校,经过相关专家认证并经过专门会议讨论通过后才能调整实施。专业人才培养方案是学生在学校维护自身学习权利的、具有法律效应的依据。

4.专业课程体系

专业课程体系是人才培养的主要内容,其科学性、合理性将直接影响专业人才的培养,因此专业课程体系是专业建设的重要方面。

专业课程体系的确立要从社会需求出发,根据由工程教育专业认证的 OBE (outcome-based education,基于学习产出的教育)原理进行,专业课程体系设立的一般程序如图 6-11 所示。

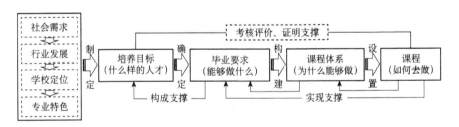

图 6-11　专业课程体系设立的一般程序

图 6-11 较为直观地表达了社会需求、培养目标、毕业要求、课程体系与课程之间的逻辑关系。这一关系突破了传统的课程设立理念,可以说是对大学教育的一种新的认识,对新时代的人才培养具有一定的指导意义。

5.专业师资队伍与专业学生

专业之所以存在,是因为教师与学生有需要(是社会需求的具体表现);反之,如果没有专业,教师与学生将无所依。在专业建设中存在着"教师-学生"的关系、"教师-专业"的关系、"学生-专业"的关系,这三种关系是专业建设中最基本的关系,教师、学生是对专业建设影响最活跃、最积极的因素。

专业需要教师的支撑,专业人才的培养需要教师的教学,而教师培养出来的学生则展示了专业的内涵与特色,教师和学生将直接影响到专业的生存与发展。

6. 专业教学资源

专业教学资源的本质是指导人才培养所需要的内容(内涵),包括知识(如基础知识、专业知识、文化知识、心理知识、法律知识、综合社会知识等)、认知能力(如注意力、观察力、记忆力、想象力、思维力等)、工作技能(如发现问题、提出问题、分析问题、解决问题技能等)等,这些内容(内涵)需要一定的载体才能对外呈现,才能被老师所教、学生所学。高等教育中常见的载体有课程、教材、图书、视频、讲义、PPT、各种各样的文档资料等。

专业建设的一个重要任务就是挖掘人才培养所需的各类知识、认知能力、工作技能等,并将其附于一定载体之中,方便教学的使用与操作。

7. 专业创新创业平台

专业教学平台包括为完成实验、实训、创新创业等所需的物理形态或虚实结合形态的各种教学平台或装置,是实现人才培养理论联系实际、回归工程应用,培养、训练学生综合技能等目标的重要依托。专业教学平台对外具有很强的展示性,能够直观地反映一个专业的办学特色及教学条件,是专业人才培养不可或缺的基础条件。

专业教学平台建设是一项复杂的系统工程,一定要根据专业的人才培养定位与培养目标,结合专业的特色与实际情况,充分考虑专业的发展前景来进行科学谋划、精心设计,同时还要能够融合社会力量来参与到专业教学平台的建设中去,实现专业教学平台建设的先进性、可操作性、多元性及共享性。

8. 专业教学研究交流

专业内的学科与专业交流就是专业建设的内动力,能够使专业动起来、活起来。高校要组织教师、学生开展各种各样的专业交流活动,通过教师、学生之间的交流,不断增强学科、专业的凝聚力,提高专业的整体教学能力。

《中共中央国务院关于全面深化新时代教师队伍建设改革的意见》指出:"全面提高高等学校教师质量,建设一支高素质创新型的教师队伍。着力提高教师专业能力,推进高等教育内涵式发展。搭建校级教师发展平台,组织研修活动,开展教学研究与指导,推进教学改革与创新。加强院系教研室等学习共同体建设,建立完善传帮带机制。"这为专业建设的学科与专业交流提供了政策保障。

9.专业文化

专业文化是专业建设与发展的内涵,是专业履行其使命、发挥其社会职能的隐性背景。一般来说,专业文化是专业在特定时期内其本身所具有的价值观、知识与能力体系及专业教学与研究的全体成员特有的精神风貌和行为规范的总和。

高校在专业建设过程中必须正确地认识专业文化、建设专业文化,形成具有专业特色的专业文化,如常州大学安全工程专业在专业建设与发展中逐渐形成了自己的专业文化,即"关爱生命、关注安全、服务安全、和谐发展"。

上文从九个方面简要说明了专业建设的内部影响因素,在具体的专业建设过程中,不同的专业可能有不同的影响因素,高校在专业建设过程中要因地制宜,灵活掌握。

(二)专业建设的外部影响因素

1.学校的办学定位

学校的办学定位对专业建设具有纲领性与限定性的作用,各专业虽然在专业人才培养上具有独立性,但这种独立性是相对的。从对外(对社会)角度来说,专业是内嵌在学校机构之中的一个单元,因此专业必须服从学校的办学定位。

不同类型的高校的办学定位是不同的,所以即使是同样的专业,由于分布在不同的高校,并且受到所在高校办学定位的影响,它们的建设过程很可能是不一样的。高校在专业建设中,需要辩证地思考与把握同专业的横向比较(如现在的专业评比、工程教育专业认证等),由此才能取长补短、共同发展。

2.学校的办学条件

专业建设需要学校的支持(如人、财、物等),学校的办学条件不可能仅为一个专业服务。各专业如何争取学校的办学条件?如何充分共享学校的办学条件?这些均对专业建设具有重要影响。

学校的办学条件一定是向能够满足社会需求、招生状态好、就业前景广泛的优势专业倾斜,这也充分说明了专业建设的方向。高校在专业建设过程中一定要从社会需求、生源与就业三个方面入手,以培养国家所需的德智体美劳全面发展的专业人才。

3.专业交叉与融合机制

专业交叉与融合是专业建设的重要方面,特别是在现代产业链高度相互依赖的大背景之下,这一点显得尤为重要。在高校中,一个专业不可能独善其身,它一定是与相关专业有着千丝万缕的联系,并且相互促进、共同发展。学校是否有完善的专业交叉与融合机制,对专业的建设与发展有着显著影响。

一般来说,一所高校中的各个专业都处于统一的办学定位、共同的校园文化等背景下,这为专业交叉与融合提供了良好的基础条件,有利于专业对行业的支撑。例如,常州大学的专业就是依托石油化工生产链而产生与发展的,依据石油化工生产的石油开采→石油输送→石油炼制→基本化工生产→精细化工等环节,学校对应设立了石油工程、油气储运工程、过程装备与控制工程、化学工程与工艺、能源化学工程、制药工程、高分子材料与工程、土木工程、电气与自动化控制、环境工程、安全工程等专业,从而对各专业进行了有效的交叉与融合,彰显了石油化工的特色与优势。

4.管理制度及运行机制

学校的管理制度及运行机制是专业建设的重要影响因素,它发挥着导向与监督作用。某一个专业的建设不可能改变整个学校的管理制度及运行机制,但可以从人才培养的角度影响学校的管理制度及运行机制的改革与创新,优良的学校管理制度及运行机制可以促进专业建设的深入发展。

5.学术环境与学科生态

专业是在一定的学术环境与学科生态中生存和发展的,专业建设需要良好的学术环境与学科生态的支撑。高校在专业建设过程中要营造百花齐放、生动活泼的学术环境,要正确处理专业与学科的关系,一切从人才培养出发,用教学引导科研,用科研反哺教学,使教学与科研相得益彰,形成良好的专业人才培养的学术环境与学科生态。

6.校—政—产—企合作

校—政—产—企合作育人是时代的呼唤与要求,特别是在当今互联网时代中,校—政—产—企合作育人的模式拥有更加宽广的天地。专业建设只有走进社会(政府、产业、企业),才能了解社会、服务社会,才能得到社会的认可与支持。校—政—产—企合作育人的理论、机制、路径是高校在专业建设过程中需要认真思考与探索的基本问题。

7. 学生就业市场

学生就业市场是专业建设的晴雨表,也是专业建设的导向(社会需要什么样的专业人才,学校就培养什么样的专业人才)。学生就业市场是动态变化的,因此高校在专业建设过程中能精准把控学生就业市场是至关重要的,要能够将专业建设融入社会发展之中,通过对社会需求的调查、分析,预测学生就业发展的趋势,从而为专业建设发展提供依据。

8. 家庭对专业的期望

部分高校在专业建设过程中很少想到家庭的问题,家长把孩子送到学校学习某一专业,必定对这个专业寄予了期望。不同的家庭可能有不同的期望,如何建设专业,使专业的建设发展既能满足家庭的期望,又能符合社会的发展需求至关重要,这就需要高校对各专业学生的家庭进行认真的调查与分析,探寻家庭对专业期望的本质,促进专业建设的创新发展。

9. 专业交流

专业交流是拓展专业建设视野、扩大专业影响力的重要途径,需要高校教师、学生的共同努力。专业交流包括教师与管理人员之间的交流、教师与教师之间的交流、教师与学生之间的交流、学生与学生之间的交流等,各高校在进行专业交流时,一定要打破形式主义,要清楚交流的目的,了解交流的对象,选择合适的交流内容与方式,由此才能取得良好的交流效果。

10. 校园文化

校园文化是专业建设的文化环境依托,会对专业建设产生潜移默化的影响。校园文化彰显了一所学校的发展历史积淀与文化传承,高校在专业建设过程中必须要以校园文化为依托,同时要将专业文化融入校园文化中,在校园文化的指导下促进专业文化的发展,从而为培养具有专业特色的人才打下鲜明的烙印。

三、专业建设的基本原则

专业建设是一项系统工程,涉及内容广泛、形式多样,专业建设必须遵循一定的原则,做到有的放矢。本部分对专业建设的一些基本原则做简要说明。

(一)专业建设的"需求导向"原则

"需求导向"原则是专业建设的第一原则,其本质就是依据社会需求来确定办什么样的专业及如何办、专业要培养什么样的人及如何培养的问题。

根据"需求导向"原则,专业建设的思路如图 6-12 所示。

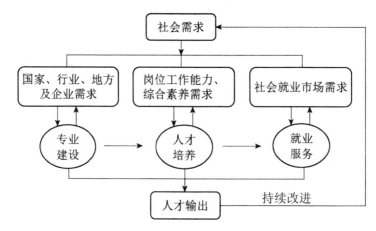

图 6-12　专业建设的"需求导向"原则

由图 6-12 可见,国家、行业、地方及企业需求,岗位工作能力、综合素养需求,社会就业市场需求三个环节共同构成了总的社会需求,这三个需求既相对独立,又相互关联,通过专业建设、人才培养、就业服务联系在一起,最终使得培养的专业人才能够满足社会需求。因此可以说,满足"需求导向"原则,就是要以专业建设为基础、以人才培养为抓手、以就业服务为保障,来促进各专业培养的人才满足社会需求。

(二)专业建设的"标准导向"原则

没有规矩,不成方圆,专业建设同样也需要规矩。《教育部办公厅关于实施一流本科专业建设"双万计划"的通知》指出,报送的一流专业必须满足以下条件,即专业定位明确、专业管理规范、改革成效突出、师资力量雄厚、培养质量一流。此外,教育部制定了《国家级一流本科专业建设点推荐工作指导标准》,它共由 11 个一级指标和 32 个二级指标组成。

(三)专业建设的"产出导向"原则

"产出导向"是工程教育专业认证的核心理念之一,也是专业建设的基本原则。专业的"产出"主要是指培养出来的满足社会需求的合格高校毕业生,同时包含专业对社会提供的有效服务。因此,"产出导向"的专业建设就是从培养合格的高校毕业生、提供有效的社会服务出发,进行专业建设的规划、设计与实施,如图 6-13 所示。

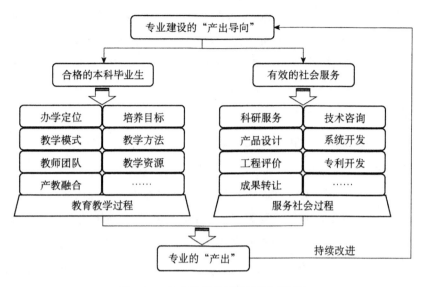

图 6-13　专业建设的"产出导向"原则

(四)专业建设的"特色导向"原则

特色是专业的灵魂,没有特色的专业是没有生命力的。高校在专业建设中要认真总结与分析专业的发展历史,根据专业的办学定位、行业背景、培养目标,在专业人才培养过程中逐渐形成专业优势与特色。

首先,要清楚什么是特色。一般认为,特色是指一个事物显著区别于其他事物的风格、形式这一现象等,是由事物赖以产生和发展的特定、具体的环境因素决定的,是其所属事物独有的。这一定义是帮助我们确立专业特色的重要依据,能使我们从复杂的表面现象中提炼出专业的特色内涵。

其次,专业特色是在长期的专业建设与人才培养过程中逐渐积淀与形成的,需要高校遵循"十年树木、百年树人"的宗旨,在专业建设与人才培养过程中一步一个脚印,认认真真地做好每一件事,处理好每一个细节,坚持十年磨一剑的精神,由此,专业特色必然会水到渠成地呈现出来。

再次,专业特色可以有不同的内涵与表现形式。不同高校的专业建设除了在一般的形貌上相似外,其大部分的建设内容可能也是相似的。而专业特色则主要是挖掘本专业与其他专业的不同之处,寻找本专业在培养某类人才方面的优势,这种优势可以反映在人才培养的各个环节,如人才培养目标、课程体系、培养模式、教学方法、创新创业、教学资源、实验实训等,并以一定的形式对外表现出来。

最后,专业特色需要适当的专业环境,可以说,专业环境是专业特色的温床。因此,高校要注重对专业所处的环境,如专业所在的学校环境、区域社会环境、相邻专业的环境、不同学校同类专业的环境等进行研究与分析,使专业建设能够从适应专业环境发展到控制专业环境,从而为专业特色的建设与发展提供专业环境方面的基础与保障。

(五)专业建设的"结构优化"原则

专业建设的"结构优化"原则就是指根据社会发展对专业人才的需求变化趋势,对专业的构成要素进行优化,使专业人才培养更加贴近社会需求。

首先,要理解专业的构成要素,这是对专业建设"结构优化"的一个基本认识。关于专业的构成要素,一般来说,大学专业主要由四大要素构成,即专业培养目标、专业课程体系、教师与学生、教学资源。这四个要素的内涵与逻辑结构就决定了一个专业的形态,结构优化就是通过对这四个要素的调整与创新,使专业呈现出优势状态。

其次,专业建设的"结构优化"必须顺应全球科技革命和产业技术变革的趋势。新工科、新医科、新农科、新文科指向科技经济前沿,瞄向未来发展需求。高校专业所担负的时代责任将不再局限于传统意义上的"纯粹"专业内涵,专业体系的构成、重组和再造都必须突破现有视野和界域,必须重视理、工、管理、经济、人文等学科知识对专业人才培养产生的综合效应,同时还要立足长远和未来,突破传统的思维定式,在更大的学科空间、专业空间、问题空间、社会空间内探索各种可能出现的问题,面向科技革命,扎根中国大地,促进新经济发展,培养时代新人。

最后,专业建设的"结构优化"要遵循服务区域(行业)经济社会发展、现实性与前瞻性相统一、尊重学科结构内部的逻辑这三条基本原则。

参考文献

[1]邵辉.本科人才培养的教育思考与实践[M].北京:科学出版社,2024.

[2]史慧,高亚男.大学生人才培养与教育创新探索研究[M].长春:吉林出版集团有限公司,2022.

[3]华宝元.教育管理学四大范畴视角下高校体育教学管理创新研究[J].广州体育学院学报,2017,37(1):3.

[4]李小兵.互联网媒体视角下高校体育教学创新研究[J].赤子(下旬),2017(1):1.

[5]周湘林.以学生学习为核心的高校教师教学评价方法创新研究[J].现代大学教育,2017(1):5.

[6]计国君.新时代高校人才培养内部质量保障体系研究[M].北京:光明日报出版社,2023.

[7]李珩.教育大数据:开启教育信息化2.0时代[M].重庆:重庆大学出版社,2019.

[8]张妍,贺慧敏.未来学校视域下教育评价的发展趋势[J].教育探索,2020(12):6-9.

[9]吕梦醒,戴坤.新时代高校人才培养与人才评价制度研究[M].北京:中国原子能出版社,2022.

[10]邢晓.百万扩招:高职校企合作育人的时代变革[J].教育科学探索,2022,40(1):57-65.

[11]薛景.高校人才培养质量评价的大数据模型研究[D].马鞍山:安徽工业大学,2017.

[12]徐东波.我国高校内部本科教学质量保障体系研究[J].黑龙江高教研究,2020,38(3):33-38.

[13]林浩亮.质量文化建设:新评估周期高校内部教育质量保障新思维[J].长春工业大学学报(高教研究版),2014,35(3):29-32.

[14]郭雅洁,刘颖.国外应用型人才培养模式的启示与借鉴[J].职业教育研究,2021(2):85-91.

[15]吴画斌,许庆瑞,陈政融.数字经济背景下创新人才培养模式及对策研究[J].科技管理研究,2019,39(8):116-121.